青春文庫

謎と疑問がスッキリ！

１秒で常識力

話題の達人倶楽部［編］

青春出版社

この一冊に、「常識力」のある大人が身につけていることのすべてが詰まっています

「常識を疑え」とか「常識にとらわれるな」などといわれる昨今ですが、それもこれも、まずは「常識力」をキチンと身につけたうえでの話。というわけで本書は、あらゆるジャンルについて、いま、大人が知っておくべき常識のすべてを完全収録しました。

取り上げるのは、社会から経済、暮らし、しきたり、日本語、カルチャー、食、お金、科学…など多岐にわたっています。常識力を身につけることは、大人社会で成功する条件。自信を持って世の中を渡るためにも、もっといい人間関係を築くためにも必携の一冊です。

知りたいことは山ほどあるけれど、調べているヒマがないという人、いまさら他人に聞くのは恥ずかしいという人はぜひ本書を開いてみてください。たった1秒で、謎と疑問がスッキリするはずです。

２０２１年８月

話題の達人倶楽部

謎と疑問がスッキリ！ 1秒で常識力■目次

常識その1…ニュース

「通常国会」「臨時国会」「特別国会」はどこがどう違う？ ……17

常識その3…社会
5Gが主流になると、世の中はどう変わる？

常識その5…マナー

目　次

常識その9…しきたり

常識その11…人づきあい

やってはいけない手土産の3つのタブーとは？ 331

◉カバー写真…Adobe Stock
◉DTP…フジマックオフィス
◉制作…新井イッセー事務所

常識その1　ニュース

「通常国会」「臨時国会」「特別国会」はどこがどう違う？

An Encyclopedia of Common Sense Adults Need to Know

「通常国会」「臨時国会」「特別国会」はどこがどう違う？

国会はわが国の唯一の立法機関であり、国民から徴収した税金の使い道である予算について審議するところでもある。

その国会は年に数回開かれているが、じつは開催目的によって名称が違うのをご存じだろうか。それぞれ「常会」「臨時会」「特別会」と呼ばれており、一般には「通常国会」「臨時国会」「特別国会」と呼ぶ。

このうち通常国会は毎年1月から開かれる国会のことで、4月以降の新年度予算を決める審議と、その実行にあたって必要な場合は法律の改正を行う。会期は150日間だ。

ただし、本来の目的である予算の審議より、政局を巡る与党と野党の駆け引きに終始し、予算の成立が後回しになることも多い。

また、臨時国会も通常国会同様に予算案と法律案についての審議が行われるが、こちらは新年度の初めに立てた予算が不足した時に組む補正予算案の審議を目的としている。

臨時という名のとおり必要に応じて開くもので、会期についての規定もなく何度でも行える。召集《しょうしゅう》は閣議決定（全閣僚による合意）か、衆議院もしくは参議院で４分の１以上の議員の要求があればできる。また、衆議院議員の任期満了による総選挙や参議院の通常選挙のあとにも開かれている。

ただし、この臨時国会も政局を巡る与野党の駆け引きが中心になりがちだ。衆議院の解散総選挙に持ち込みたい野党と、解散のタイミングを図りかねている与党とのせめぎあいの場となることもしばしばある。

一方、特別国会は衆議院を解散して総選挙を行ったあとに開かれる国会である。召集日に衆議院の議長と副議長、そして常任委員長などを決め、また内閣が総辞職するために衆参両議院で次の内閣総理大臣の指名も行われる。

ちなみに、国会はそれぞれ「第１８６国会」というように通し番号で表されているが、これは通常国会や臨時国会などの名称に関係なく、１９４７年６月27日に開かれた第１回国会から数えて何回目に当たるかを示している。

「政令」「省令」「条例」はどこがどう違う？

「政令」や「省令」、「条例」という言葉を聞いたことがあるだろう。これは国会で制定する法律と同じように、私たちが守らなければならないルールのことだが、いったいこれらは法律とはどこがどう違うのだろうか。

じつは、定めた目的がそれぞれ違うのだ。

たとえば、政令とは内閣が制定する命令のことで、社会の変化に法律を対応させるためにある。

というのは、法律の条文だけで取り締まろうとすると、新たに規制の対象が加わった場合に法律そのものを改正しなければならない。それでは手続きにあまりに時間がかかってしまう。

そこで、内閣の命令だけで規制対象を新たに付け加えられるようにしているのだ。

このため、法律によっては条文に「政令で決められたものもその規制の対象とする」と盛り込まれているものもある。

また省令は、厚生労働省などの各省の大臣が制定する命令のことだ。条文には「省令で定める事項に基づき」などと記されている。

これも社会の変化に応じた法律になるよう、各省の大臣がその時々の実状に合わせて決めている。

一例を挙げるなら、建築基準法は省令により、建設工事を請け負う際にどんな資格が必要なのか、その範囲の詳細を定めている。

このような法律の一部のようになっている政令や省令と、まったく異なるのが条例だ。

東京都の多くの区や福岡、広島、大阪、千葉、愛知をはじめとする地域でも条例で路上喫煙を禁じているし、また京都府をはじめとした多くの自治体では歴史ある町並みを保存するため、新しい建築を規制する景観条例を設けている。

条例とは、法律とは別に自治体が独自に定める規制のことなのだ。

ちなみに、条例に罰則規定が設けられていれば2年以下の懲役・禁錮、もしくは100万円以下の罰金を科すことが可能である。

条例を軽く見ていると、手痛いペナルティが待っていることも覚えておきたい。

「公聴会」ではどんなことが話し合われるの？

国会や地方の議会では、一般市民や国民の生活に大きく影響する案件も取り上げられる。

たとえば、原発再稼動の問題などもその1つだ。

このような重要な案件を取り扱う場合に、賛成と反対の双方の立場からの意見を集めて、それを審議に役立てるために開かれるのが「公聴会」である。

国会では、国会法の規定により総予算や重要な歳入法案については必ず公聴会を開かなければならないし、さらに衆参両院の憲法審査会での憲法改正原案についても開催が義務づけられている。

だが、実際のところは公聴会がその目的どおりに機能していないのではないかと指摘する声も多い。

たとえば、公聴会に参加して意見を述べる人のことを「公述人」といい、その募集は官報やホームページ、ＮＨＫラジオやテレビなどで行われる。

ところが、じつは公募者から公述人が選ばれるケースは少ないのだ。

実際には、公聴会の対象となる議案に対して賛成と反対の立場を取る党派が、それぞれ公述人を推薦し、委員会の裁量で選ばれることが多いのである。これを第三者的に見て公平な人選といえるかは意見が分かれるところだ。

また、やらせ質問や反対意見を無視した強行採決も問題視されている。

「公正取引委員会」で問題になるのは、どんな取引？

公正取引委員会は、「独占禁止法」に違反する行為がないかどうかを監視する行政機関だ。

公正で自由な経済競争を妨げるような取引が取り締まりの対象となる。

そこでよく耳にするのが、「カルテル」や「入札談合」だ。

カルテルは同種の商品を扱っている企業同士が連携し、商品の価格や生産量を決めてしまうことである。

一方、国や地方公共団体が公共工事の入札をする際、事前に企業が打ち合わせをして受注金額や受注先を決定してしまうのが入札談合だ。

そのほかにも、企業が単独で、あるいは他の企業と協力して市場を独占してしまう私的独占、小売店に販売価格を指定して自社製品を売らせようとする再販価格維持行為、広告やパッケージに誇大な表現をする不当表示といったことも違法行為にあたる。

こうした行為を見つけると、公正取引委員会はそれをやめさせるための「排除措置命令」を出す。また、悪質だと判断した場合には、課徴金と呼ばれる罰金を命じることもある。

市場での競争がなくなると、困るのは消費者だ。不当に高い値段でも商品を買わされることになりかねないからである。それを防ぐために公正取引委員会がチェックしているのだ。

「総裁」「幹事長」「政調会長」…の力関係はどうなっている？

政権を担う自民党にはいろいろな役職があるが、そのトップが「総裁」だ。総裁は、同時に総理大臣も務めるので、「総理総裁」という言い方もされる。

「幹事長」は、選挙を仕切る重要な役目を負う。候補者を政党として公認するかどうかを決める「公認権」を持っているために〝仲間〟が集まりやすく、さらに力を持つことになる。また、資金を管理し、使い道を決める権限もある。党の運営上、かなり大きな存在となる。

「政調会長」は、党としてどのような政策を打ち出すかをまとめる責任者だ。そのために、各専門分野の議員のとりまとめが重要な仕事になる。

「総務会長」は、党としての最高意思決定機関である自民党総務会のトップであり、党としての政策方針を決める際には、この総務会の承認が必要だ。

いわゆる「党三役」とは、幹事長、政調会長、総務会長のことをさす。総裁が自民党のトップであることは間違いないが、党三役には特に序列はない。

「百条委員会」って そもそも何をするところ？

「百条委員会」とは、自治体の事務に関して疑惑や不祥事があった際、事実関係を調査するために地方議会が設置する特別委員会のことをさす。地方自治法１００条に基づいているために「百条委員会」と呼ばれる。

調査対象者の出頭や証言、記録提出を請求する調査権限があり、通常の委員会よりも強制力が大きい。もしも証言を拒否したり、虚偽の証言をすると、禁固刑や罰金刑などの罰則もある。もちろん、首長がその対象になる場合もある。

かなり強い権限を持っており、実際に百条委員会が開かれなくても、その設置をちらつかせることで相手を牽制するだけの力がある。

場合によっては、「百条委員会を設置するぞ」というだけで、世間に対して、その人物が「悪者」であるというイメージを植えつけることもできる。また、首長の辞職を求める前段階として百条委員会を設置し、そのあとで不信任案を提出するといった場合もある。

「政見放送」って どこまで許される？

　上半身裸のオムツ姿で登場したり、放送禁止用語スレスレの言葉を連発したり、果ては小池百合子東京都知事に公開プロポーズしたりと、近年の政見放送はまさにヤリタイ放題の感がある。有権者の中には眉をひそめる人も少なくないだろう。
　しかし公職選挙法では、ＮＨＫおよび基幹放送事業者は、政見をそのまま放送しなければならないとされている。候補者の発言などについて放送事業者は責任を問われないが、同時に、その発言内容や衣装、パフォーマンスがどんなものであってもいっさい介入できないのだ。その基本にあるのは「言論の自由」の考え方である。
　しかし結果として、「果たしてこれが政見放送か？」と疑問に思うような内容も増えてきた。選挙に立候補するには供託金３００万円が必要だが、「３００万円払って自分をアピールしたい」「目立ちたい」と割り切る候補もおり、今のところ、その流れを止めることはできないのが現状だ。

選挙権の年齢引き下げで何がどう変わった？

２０１５年６月に「改正公職選挙法」が公布され、選挙権年齢が18歳以上に引き下げられた。

18歳といえば現役高校生も含んだ年齢である。若者世代の政治離れが深刻な問題とされているなかで、２０１６年６月の参議院選挙では10代の投票率は46パーセントを超えて、20代、30代を超える高さとなった。

選挙権を得るということは、それに伴う責務も生じる。選挙に関して連座制が適用されるような重大な犯罪に関しては、未成年である18、19歳にも検察官送致とすることが明記されている。

この流れのなかで、２０２１年５月に改正少年法が成立し、18、19歳で検察官送致される対象の犯罪が拡大する。改正民法と同じく2022年4月に施行されることで18歳以上を成年とすることに足並みが揃えられるのである。

そもそも「天下り」の何が問題？

「天下り」とは、国家公務員である官僚が、退職した後に前の職場だった省庁の業務と関係が深い民間企業の役職に就くことだ。

これは、法律的にはかなりグレーな行為であり、本来は国家公務員法103条で離職後2年間は元の職場の関連企業の職に就くことが禁止されてきた。機密の漏洩を防ぐ目的で定められていたものだが実際は抜け穴があり、人事院などの承認で民間企業の役職に就く官僚ＯＢが少なくないのだ。

業務上知り得た情報や人脈を持つ元官僚たちと、それを雇う民間企業には相互に大きなメリットがあるのは明らかだが、当然これは不正の温床にもなる。

2007年に国家公務員法が改正され、離職後2年間の就職規制が撤廃される代わりに、在職中の就職活動や就職のあっせんが禁じられた。２０１２年には内閣府に再就職等監視委員会が始動して天下り行為を監視しているが、２０１７年にも文科省における組織的な天下りが発覚するなど、解決には遠いといわざるをえない。

10年たった裁判員制度は、いまも辞退率3割超!?

一般の有権者から選ばれた裁判員が刑事事件の裁判に参加する「裁判員制度」が始まったのは２００９年5月21日のことだ。あれから10年以上が経ち、ニュースで裁判員裁判の結果が報じられるのも見慣れた日常になった。

裁判員には選挙権を持つ国民なら誰でも選ばれる可能性があるが、選任の段階で辞退する人は、制度開始当初の53・1パーセントから２０１９年には66・7パーセントに上昇している。

しかも、客観的な辞退事由がなく選任されたにも関わらず、裁判当日に欠席する裁判員も3割を超えているのだ。

裁判員を務めると、裁判によっては長期間の拘束となる。また、家族にすら審議内容を漏らせない守秘義務などが重い負担となることに加え、殺人などの重大な事件の審議では精神的な重圧も大きくなる。

裁判員制度そのものは社会に定着してきているが、健全な制度運営にはなお課題が多いのが現実だ。

「内閣人事局」のしくみが日本の政治を変えた？

内閣人事局は、国家公務員の人事を一元管理する内閣官房の組織だ。国家公務員制度改革関連法案の柱として2014年に設置され、事務次官など管理職以上の人事の調整や適格性審査などが行われている。そのトップである局長は、内閣官房副長官の中から指名される。

官僚の人事は各省の大臣に任命権があることはそれまでと変わりはないが、内閣人事局が設置される以前は族議員や〝ドン〟と呼ばれるOBが人事に介入するなどして、不透明な部分が多かった。

そこで、内閣が主導して各省庁の人事を行うことで適材適所の人材を配置して、タテ割り行政の弊害などをなくそうとしたのだ。

ただ、首相官邸が実質的な人事権を握るようになると、官僚は政権に配慮するようになり、それが忖度《そんたく》政治の温床になっていたという指摘も少なくない。

内閣官房報償費はどこにどう使っている？

日本の年間国家予算は約１００兆円で、その収支報告は政府が行い、内閣から独立した機関である会計検査院で検査され、国会に提出される。
会計検査院は補助金などの使い道が適切か、不正な支出がないかなどに目を光らせており、故意または過失であっても国に著しい損害を与えた職員の懲戒処分を要求できるほどの強い権限を持っているのだ。
しかし、そんな国家予算を監視するＧメンでも使い道を知ることができない資金がある。それが内閣官房報償費だ。

なかでも政策推進費は領収書がいっさい必要なく、官房長官の判断で国庫から支出される。

その使い道は情報収集などと説明されるが、詳細はわからない。関係者との信頼関係の維持を理由に支払先や金額が明かされることはほとんどないのだが、2018年に市民団体からの情報開示請求ではじめて実態が公表された。

それによると、内閣官房報償費は第2次安倍内閣ではトータルで約95億円にのぼり、そのうちの9割が政策推進費だったことがわかった。

なぜ「事務次官」は“次官”なのにそんなに偉い？

総務省や経済産業省などの各省には「事務次官」というポジションがあり、その人事はニュースにもなる。
「次官」という名称のせいか、ナンバー2といったイメージがあるが、じつは省を

実際に取り仕切っているのが、この事務次官だ。

もちろん各省の最高位は大臣だが、それはあくまでも国会議員の中から選ばれた政治家であることが多く、省の「顔」でもある。

一方、実際に実務を行い、その省を機能させているのがいわば現場の主役ともいえる事務次官だ。

官僚にとって最高のポストであり、実際に現場で政治を動かしているのが事務次官なのだから、ある意味では自分の実力を発揮できるポジションといえる。

だが、事務次官は人事においていろいろと問題も多い。

たとえば、事務次官をその下に位置する局長や審議官から選ばなければならないという制約がある。

さらに、新しい事務次官が決まると同期の他のキャリア組は退官しなければならない。

といっても年齢的には彼らは50代後半で、そのまま引退するはずもなく、天下りする者も多い。

官僚の「キャリア組」って、どんな組？

日本の大臣はコロコロとよく代わるせいか、実際に国を運営しているのは官僚だともいわれる。

たしかに、官僚になるには難関の試験を突破しなければならず、その意味では優秀なエリートだといえるだろう。

しかし、官僚といってもキャリアとノンキャリアでは大きく違う。

一般的にキャリア組と呼ばれるのは、かつては国家公務員Ⅰ種試験に合格した者のうち、法律、経済、行政職など一定の職で合格して中央省庁に採用されたごく一部の人々である。

上級のポストに就く可能性が高い幹部候補生で、昇進のスピードもノンキャリアとは比べものにならないほど速いといわれている。

このように幹部候補生を採用し、昇進させていく制度を「キャリア・システム」

と呼ぶ。

彼らは政策の企画や立案といった重要な仕事を担当する。そして、いずれは各省の事務次官などに上り詰めるのだ。

また、省庁を越えて内閣官房副長官に就任することもあるが、これは閣議への列席も認められているほどの役職だ。

近年ではこうしたキャリア・システムを見直して、能力を重視した人事を行おうという動きが出てきた。平成24年からは、採用試験も、総合職、一般職、専門職、経験者採用に変わり、入口時点でルートが決まることのないような形をとっている。

国民は知らない
国会議員の意外な「特権」とは？

都心の議員宿舎が格安だとか、新幹線のグリーン車に乗り放題など、国会議員の特権というと庶民感覚からしてみれば納得がいかないことが少なくない。
だが、国会議員の特権はそれだけではない。憲法では3つの「特権」が認められ

ている。

まず1つが「不逮捕特権」だ。これは、国会の会期中であれば所属議院の許諾がなければ、現行犯以外は逮捕されないというものだ。

もし逮捕されても、所属議院の要求があれば会期中は釈放される。

そして、2つ目が「免責特権」だ。

議院で行った演説や討論の内容については院外で責任を問われないというもので、国会での議員の職務執行の自由を保障している。

そして3つ目が、国庫から相当額を受け取ることができる「歳費特権」である。約130万円もの月収などがそれにあたる。

どれも一般の市民感覚からするとかなり優遇されていて、時代や国民感情に合わないのではないかという声が強いのも事実だ。

たとえば不逮捕特権は、本来は政治犯への不当な弾圧を避けるために生まれた考え方だった。

しかし今では、汚職議員の逮捕逃れに使われたりしているのが実情だ。

「小さな政府」と「大きな政府」の違いはどこ？

「小さな政府」とか「大きな政府」という言葉を耳にすることがある。

この２つは、いったいどこがどう違うのだろうか。

大きい、小さいとはいっても国の大小にはまったく関係がない。おおまかにいってしまえば、国がどこまで国民の生活の面倒をみるかという違いなのだ。

大きな政府とは、社会保障や公共事業、国営企業などさまざまな面で国が関わってくる状態のことをいう。

もちろん、国民の生活は充実したものになるが、その分、政府の財政負担が大きくなる。

それに対して、小さな政府ではできるだけ民間やＮＰＯに仕事を任せ、国は必要最低限のことを行う。国が関わる仕事が減れば、それだけ支出も抑えることができるというわけだ。

財政赤字が深刻な日本でも、小さな政府を実現するためにさまざまな改革が行われてきた。国鉄や電電公社、あるいは郵便事業を民営化したのがその一例だ。

1980年代にはアメリカやイギリスでも盛んに改革が行われ、経済が活性化した。しかし、その一方で経済格差が広がったともいわれている。

大きな政府にも小さな政府にもそれぞれ懸念材料はあるのだ。

「衆議院」と「参議院」の役割に違いはあるの？

日本の国会は「衆議院」と「参議院」の二院制（両院制ともいう）であることはいうまでもない。

おさらいすると、それぞれの議院には〝望まれる役割〟というものがある。

簡単にいうと、任期4年の衆議院は「その時々で最も近い民意を反映する」ことで、一方、任期6年の参議院は衆議院で可決された法案や予算案について「慎重な審議を行う」ことが望まれている。

役割分担は一応明確にされていて、どちらが優位というわけではないように思えるが、じつは憲法では衆議院の優越的権限が認められているのだ。

これは「衆議院の優越」というもので、首相の指名や予算の決議、条約の承認、法案の採決などで衆議院と参議院で出した決議が異なった場合、それぞれの代表者による話し合いでまとまらなければ、参議院は衆議院の議決に従わなければならないと定められているのである。

国会の議決は衆参両院が同じ議決をすることによって成立するが、とくに衆議院と参議院がねじれ状態にあると、いつまでも歩み寄れず、法案などを会期中に成立させることが難しくなる。そのため、国会を停滞させないよう、任期が短く民意を反映させやすい衆議院にこのような権限が与えられているのだ。

「都道府県知事」にはそもそもどんな権限がある？

〝国から地方へ〟の掛け声とともに、地方分権を目指す個性的な都道府県知事が登

場してから久しい。

そんな有権者の投票をもって決定する都道府県知事の権限というのは、じつはアメリカ大統領以上ともいわれているのだ。

たとえば、アメリカの大統領には議会を解散する権限をはじめ予算や法案の提出権はないが、知事にはある。

また知事は、人事権や法令案を拒否する権限も持っている。

首相は国づくり、知事は地域づくりと目的は違うにせよ、強力なリーダーシップを発揮する政治家を目指したいなら、ある意味では首相よりも魅力的なポジションであるといえるのだ。

そのため知事選では、有権者が地域の未来に関わる選択を迫られることもある。

わかりやすい例でいえば、米軍普天間飛行場の代替基地として県内設置を許すかどうかで争われた1998年の沖縄県知事選だ。

また、2014年の東京都知事選では元首相の細川護熙《もりひろ》氏が、〝脱原発〟を争点に掲げて、出馬した。

このように、「内閣のリーダー」である内閣総理大臣に比べても、都道府県の長である都道府県知事の存在感と発言力はかなりのものなのだ。

「防空識別圏」「排他的経済水域」…どうやって決まる?

陸地と同じように、海にもその国の主権が及ぶ領域がある。

まず、基線《きせん》（干潮時の海岸線）から12海里（約22キロ）までが「領海」で、外国船は通行はできるものの漁業などはできない。

その領海の外側12海里は「接続水域」と呼ばれ、密輸や麻薬取引のような違法行為があった場合にはその国の法律が適用される区域だ。

また、「排他的経済水域（ＥＥＺ）」は基線から２００海里（約３７０キロ）の海と海底を指す。日本のＥＥＺはおよそ４０５万平方キロメートルと、国土の約10倍もの広さがある。

ここでは他の国が漁業や資源開発といった経済活動を行うことも可能だが、その際には主権国の許可が必要になる。

なお、領海上の空は国際法で決められた「領空」である。ただし、この領空と近頃話題になっている「防空識別圏」はまったく別物だ。

防空識別圏は各国が防空を目的として定めている空域で、日本は領空よりもだいぶ外側まで設定している。この範囲内に不審な航空機が侵入した時にはスクランブル（緊急発進）の対象になり、対領空侵犯措置をとるのだ。

２０１３年に中国が新たに設定した防空識別圏は日本や韓国のものと重なる部分があるため、緊張が高まっているわけである。

「イージス艦」はふつうの護衛艦と何が違うの？

国際社会の批判を無視して、北朝鮮が２０１２年に二度にわたって弾道ミサイルの発射実験を行ったが、この時、日本海に派遣されたのが海上自衛隊の「イージス艦」だ。

イージス艦とは、簡単にいえばイージス・システムを搭載した駆逐艦《くちくかん》や巡洋艦《じゅんようかん》のことで、高性能レーダーで遠くの標的を識別し、一度に多くの敵と対戦できる能力を備えている。

　このシステムの開発国はアメリカで、イージス艦を保有できるのは経済力のあるアメリカの同盟国だけに限られている。

　2021年現在、日本の海上自衛隊には8隻《せき》のイージス艦がある。北朝鮮の核ミサイル開発や中国の海洋進出に備えるためだ。だが、これほどまでに優れたシステムだけに、価格は海上保安庁の年間予算に匹敵する。

　予算面を考えると、今後も国会で問題になることは予想されるが、隣国の脅威を考えると背に腹は代えられないというところなのだろう。

「公海」でとれるサケやマスはどの国のもの？

　海に面した国々は、沿岸から一定の海域までは優先的な権利を持っている。しか

し、200海里を越えた海域はどの国にも属さない「公海」だ。どんな国籍の船でも自由に航行することができる。

もちろん、公海で漁業を行うことも可能なのだが、好き勝手に魚を捕ってもいいというわけではない。

水産資源を守るために、さまざまな国際ルールが定められているのである。サケやマスもそういったルールが決められている魚の1つだ。

サケやマスは川で生まれ、数年を海で過ごしたあとに生まれた川（母川《ぼせん》）へと戻って産卵する溯河魚《そかぎょ》である。

これら溯河性の魚については母川のある国が管轄権を持っているため、許可がないと捕獲できないのだ。

公海上で大量に捕獲されては、母川に帰ってくるサケやマスがいなくなってしまうためである。

1993年に日本・カナダ・アメリカ・ロシア・韓国の5カ国は「北太平洋における溯河性魚類群の系群の保存のための条約」を結んでいる。

これにより、北緯33度以北の北太平洋とそれに接する海、各国の領海から200

海里以上離れた海でのサケやマスの漁獲が全面禁止になっている。

「地政学リスク」には どんなリスクがある？

グローバル化した社会では、どこか特定の地域で起きたテロや紛争、政治不安といった緊張の高まりによって、世界経済全体の先行きが不透明になることがしばしば起こっている。

このような地理的な環境が国際関係に与える影響のことを「地政学的リスク」という。

現代の世界はさまざまな地政学的リスクを抱えているが、なかでも深刻なのが中東問題だ。過激派組織「イスラム国」の台頭、シリア内戦…。人種や宗教間の分裂も深まっている。敵対するイスラエルとイランやアラブ諸国の関係もリスクの要素のひとつになっている。

また、アジアでは政情が不安定なミャンマーをはじめ、中国の人権問題が不安視されているほか、米中貿易摩擦や北朝鮮問題、日韓の慰安婦問題などのリスクも抱えている。

「温室効果ガス」の排出量が多い国ってどこ？

温室効果ガスとして定められているのは、二酸化炭素、メタン、一酸化二窒素、フロンガスなどである。なかでも地球温暖化に最も大きな影響を及ぼすとして世界中で問題になっているのが二酸化炭素だ。

２０１８年の調査では、二酸化炭素の排出量が最も多い国は中国である。毎年約９０億トン以上も排出しており、これは世界全体の排出量の約28・４％にあたる。次いでアメリカ（約14・７％）、インド（約６・９％）、ロシア（約４・７％）と続き、次が日本（約３・２％）である。これは約８・５億トンに当たる。

大気中の二酸化炭素濃度の４分の３以上は、石炭・石油などが燃焼することにより排出されるので、そのエネルギー使用量が多い先進国や人口の多い国ほど排出量も多くなるのである。現在、これらの国々を中心にして、温室効果ガスの排出を減らす動きが急ピッチで進められている。

各国が陥る「安全保障のジレンマ」って何？

敵国からの核の攻撃を避けるためには、核を持つことが抑止力につながり、全面戦争が回避できるという考えが国際関係において知られている。日本も核兵器を持たない代わりに、アメリカの核の傘に頼る安全保障政策を掲げている。

しかしこのような戦略が、一方では「安全保障のジレンマ」を生んでいる。これは、自国の安全を高めようと軍備を増強したり、他国と同盟関係を結んだりすると、別の国にはそれが脅威と映り、対抗的な措置として軍備を整えようとするものだ。

その結果、どちらも最初は自衛のためだったにも関わらず、結果的に敵をつくることになり、小さなボタンの掛け違いから戦争や紛争に発展してしまうことがある。

そうして始まったのがヨーロッパで多くの死傷者を出した第一次世界大戦だった

のだが、その教訓もむなしく、現在も世界のあちこちでその〝ジレンマ〟に陥っている。

北極海航路が現実味を帯びてきたと言われる理由は？

2021年3月、エジプトのスエズ運河でコンテナ船が座礁した事故は、長期化こそ防げたとはいえ、各方面に政治的、経済的な衝撃をもたらした。

スエズ運河は世界の海運の12％が利用するといわれる、いわば海の大動脈だ。だからこそ事故などで封鎖されると世界経済にも大きな影響を及ぼしかねない。そこで再度クローズアップされたのが、かねてからロシアが提唱している北極海航路だ。

ロシアにしてみれば、ヨーロッパとアジア間の海運だけでも利用料による収益や沿岸の活性化が見込める期待の収入源だ。さらに北極海のネックである海面の凍結も、温暖化で年々凍る期間が短くなっているという。

実際、東のウラジオストクと西のサンクトペテルブルクを2つの航路で比べた場合、北極海航路のほうが4割もショートカットできる。リスクの分散という観点でみれば、ロシアの思惑が実現する日も近いかもしれない。

「国際司法裁判所」って誰が誰を裁くところ？

国連の主要機関の1つである「国際司法裁判所」は、国際紛争を法的に解決することが大きな役割で、裁判の当事者は国連に加盟している国家そのものだ。

裁判官は、国家を当事国とする裁判を行うほか、国際組織の要請に応じて勧告的な意見を出すことができる。

こう説明すると、その権限は圧倒的なものに思えるが、実際はその影響力は弱まっているともいわれる。

たとえば個人が起こした裁判なら、被告人が法廷に出てこない場合は裁判所が出廷命令を出すことができる。

ところが、国家が当事者になった場合には、相手の国を裁判の場に引き出すことができるほどの権力を持った存在がない。

じつは、この点をカバーするために、「選択条項受諾宣言」というものがある。これを宣言した国は、必ず裁判に応じなければならないのだ。

ところが、１９８５年に米国のレーガン大統領がこの選択条項受諾宣言を撤回し、その後も中国、フランス、ドイツ、イタリアなどが同様に宣言拒否をしている。つまり、ほかの国から訴えられても裁判に参加する義務はないというわけだ。

とはいえ、国家間の問題を解決することのできる機関はほかにないのだから、その存在意義が失われることはないだろう。

スイスのジュネーブに国際機関が多いのはなぜ？

スイスのジュネーブは、アルプス山脈の麓に広がる人口18万人ほどの都市だ。面積は約16平方キロメートルと東京の渋谷区ほどの広さしかないが、じつはこの都市には世界保健機関（ＷＨＯ）や国際連合難民高等弁務官事務所（ＵＮＨＣＲ）

をはじめとした40近い国際機関が集まっているのだ。

そもそもジュネーブに国際機関が置かれるようになったのは、第一次世界大戦後、永世中立国を宣言していたスイスを拠点に国際連盟が設立されたのがはじまりだった。

その後、国際連盟が解散し、アメリカのニューヨークに国際連合の本部が置かれても、世界知的所有権機関（WIPO）といった新しい国際機関の本部が続々と設置された。

今では国際機関が集まることにより、関連する各国の代表部や、400とも700ともいわれる非政府組織（NGO）の本部もジュネーブに設置されている。

なぜこれほどジュネーブに人気があるのかというと、スイスは憲法でフランス語、ドイツ語、イタリア語をすべて母国語として認めているので、言葉の障害が少なく近隣国から人が集まりやすいのだ。

ヨーロッパでこれだけ多くの言語を自由に使える国も珍しく、それが国際的な機関の呼び水となっているのである。

「NGO」と「NPO」はどこがどう違う？

名前が似ているから、つい混同しがちなのが「NPO」と「NGO」だ。活動内容も似ているような印象があるが、しかし根本的な定義からしてこれらは異なる存在なのである。

まずは、「NPO」だが、「Non Profit Organization」の略で、直訳すると「利益を目的としない組織」になる。非営利活動を目的とした民間の団体で、会員からの会費や寄付金などで運営されている。

任意で活動していた市民団体が法人格を取得しているケースが多く、NPOがついていると営利団体ではないことを表すことができる。

そして「NGO」は、「Non Governmen-tal Organization」の略である。もともとは、国連と政府以外の民間団体との協力関係について定めた国連憲章第71条で使われたのがはじまりだった。その後、国連や国際会議などで民間団体のことがNG

Oと呼ばれるようになったのだ。

本来は、政府や国際機関とは切り離された「民間団体」であることを意味するにすぎず、広い意味で「非政府組織」をさしていた。

ただし日本では、「国際協力に携わる民間組織」という形で限定的に理解されている。ノーベル平和賞を受賞した「国境なき医師団」などがよく知られている。

常識その2　経済

「連結決算」って、何をどう“連結”している？

An Encyclopedia of Common Sense Adults Need to Know

脱中国依存をめざす「チャイナ・プラスワン」戦略とは？

購入した洋服などのタグに、生産国としてベトナムやカンボジア、タイ、ミャンマーなどの国名が記載されているのをよく見かける。海外の生産拠点といえば中国一択だったのは昔の話で、メーカーは中国以外の生産拠点を積極的に持つようになってきた。

これは「チャイナ・プラスワン」と呼ばれる施策で、中国に生産拠点を集中させるリスクを回避するための経営戦略だ。

２００３年のＳＡＲＳや２００５年の反日デモによる混乱で、中国になる工場が操業停止に追い込まれたことで、日本企業もこの戦略を意識するようになった。

なかでも存在感を増しているのがベトナムで、労働人口の平均年齢が若く、１９８０年代から始まったドイモイ政策によって経済成長が見込まれていることも相まって、生産拠点を置く日本企業が右肩上がりに増えている。

メタンハイドレートは本当に夢のエネルギー？

東日本大震災による原発事故の影響で原子力発電の推進に大きなブレーキがかかっている状況のなか、クリーンなエネルギーとして大きな期待を寄せられているのがメタンハイドレートだ。

メタンハイドレートは天然ガスの原料で、氷状になって海底の地層に存在している。日本近海にも大量のメタンハイドレートが埋蔵されているとされ、その量は日本人が1年間に使う天然ガスの１００年分以上にもなるという。

メタンハイドレートが資源の乏しい日本にとって夢のエネルギーであるのは事実だが、最大の問題はその採掘だ。液体の石油と違ってメタンハイドレートは固体で埋蔵されているため、海底深くから噴出させることはできない。

そのため、周囲の水をくみ上げて減圧し、メタンハイドレートの分解を促し、メタンガスを分離して回収する方法が開発された。

２０２１年２月には経済産業省が商業化の前倒しをめざすと発表した。メタンハイドレートが日本のエネルギー政策を変える存在になるか、注目する必要がある。

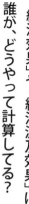

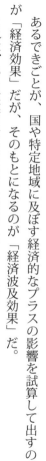

「経済効果」や「経済波及効果」は誰が、どうやって計算してる？

あるできごとが、国や特定地域に及ぼす経済的なプラスの影響を試算して出すのが「経済効果」だが、そのもとになるのが「経済波及効果」だ。

これは、ある産業で新たに生じた需要に対して生産活動が拡大した場合に、原材料などの取引や消費活動を通じて多方面に影響を及ぼす過程のことをいう。この経済波及効果の算出には、５年ごとに国または各都道府県や政令都市が出している産業連関表が使われる。

この表は、各産業間と最終的な消費者との間のモノやサービスの取引状況をまとめたもので、「モノやサービスをどこにどれだけ販売したか」、「生産するためにどのような費用を使ったか」、そして「総生産額」がまとめられている。これを使えば、各省庁でも、また企業やシンクタンクでも誰でも経済波及効果を計算できる。

ただ、どこまで波及効果があるかによって試算結果は変わってくる。また、産業連関表は5年ごとに作成されるので、計算する時期によっても違うこともある。

「倒産」の基準や目安ってあるの？

企業や商店の倒産には、じつは明確な定義はない。一般的には、銀行取引停止処分があった場合や、内整理（私的整理）が開始された時、破産手続きなどの法的整理手続きが開始された場合などに「倒産」とみなされることが多い。

とくに「倒産法」という法律の中で重要なのは、「支払不能」の状態であるかどうかである。

支払不能になると破産手続きが開始される。その会社が支払不能状態にあるかどうかが、債務者の経済状態が平常であるかどうかを判断する基準だといえる。

つまり倒産とは、会社などの法人や個人が経済的に破綻し、弁済期にある債務を継続的に弁済できなくなること、または、そのおそれがある状態になることだ。

「仮想通貨」は、何がそんなに魅力的？

仮想通貨のメリットとして大きなものは、購入・換金・投資・取引所の利用が24時間いつでも可能なこと、そして海外への送金や決済が手軽で安価であることだ。

また、仮想通貨の価値は常に変動しているので、その取引所においてトレード・売買することで収益を上げることも可能な点も魅力のひとつである。さらに着金が早く、手数料も無料（または少額）であるという利便性もメリットのひとつだ。

しかし、デメリットもある。値動きが激しいので、決済手段として利用するのが難しい。また、税率がほかの投資商品と比べて高い場合があるので注意を要することだ。

そしてもちろん、ネットにアクセスできなければ利用できないし、常時ハッキングされるリスクがあることも忘れてはならない。

「MBO」や「TOB」って、そもそも何？

企業の合併や買収、いわゆるM＆Aのニュースの中に「MBO」や「TOB」という言葉が出てくる。いったい、どんな意味だろうか。

まずMBOだが、「経営陣買収」と訳される。企業の経営陣が既存の株主から自社の株式を取得し、オーナー経営者になることで、経営権を取得することをいう。

一方のTOBは、株式公開買付のことで、対象企業の発行済株式を買付期間や価格、買付予定株主などを公表して、証券取引所を通さずに既存株主から買い付ける。その目的は、対象企業の経営権や、株主総会での特別決議の否決権の取得、自社株取得などである。

MBOは上場企業だけでなく、中小企業の事業継続についても行われる手法だ。それに対して、TOBはおもに上場企業が対象になる。一般的には、M＆Aの対象となる企業の規模によって手法が選ばれている。

消費税10%は世界的に見て高い？

多くの国民にとって負担感が大きい税金といえば消費税だが、海外と比べると必ずしも税率が高いわけではない。

多くの国では、消費税にあたるものは「付加価値税」と呼ばれる。その税率が最も低い国は、５％の台湾とカナダである。逆に、最も高いのはハンガリーの27%で、ノルウェーやギリシャ、ポーランド、イギリス、フランスなど、20%以上の国も数多い（いずれも２０２０年1月現在）。

これらを見ると、日本の消費税率は必ずしも高くないように思われる。しかし、アジア圏の国は欧米に比べて給与水準が低いので、消費税率が低くなるのは当然である。

また、北欧諸国などをはじめとして、欧米には福祉体制が日本よりもはるかに進んでいる国が多く、そういった国の国民は消費税が高くても納得しやすいという背景もある。
単純に消費税率だけを比較するのではなく、その背景を見ることも重要なのである。

経済格差が広がる「K字復活」って?

いったん落ち込んだ経済が回復する状態は、アルファベットの形になぞらえられることが多い。底をついたあとに一気に回復すれば「V字復活」となり、最初は緩やかながら順調に復調すれば「U字復活」したなどといった具合だ。
世界中で経済の二極化が進んでいる今、耳にするのが「K字復活」である。これは、経済社会全体の景気が回復するのではなく、回復する業種や企業は力強く右肩上がりになるが、そうでなければ右下がりの線を描いてさらに落ち込んでいくという状態を表している。
新型コロナによって世界経済が停滞している時も、人の移動を制限しながらも経済活動が可能なIT業界などは利益を伸ばしたが、サービス業や飲食業、旅行業などの人の移動を前提とした業界はなお厳しい現実に立たされている。

この状況を各国の経済回復に当てはめ、デジタル化への対応が進んでいる国とそうでない国との格差が広まるK字復活も今後ますます広がっていくのではないかとみられている。

GDPがずっと上がり続けるとどうなる？

国の豊かさの指標のひとつである「GDP」（国内総生産）。日本はアメリカ、中国に続いて世界第3位だが、そもそもGDPはどこまで成長するものか、ご存じだろうか。

GDPは、国内で生み出されたモノやサービスの付加価値の合計額だ。先進国では2008年にリーマンショックの影響などもあったものの、基本的にはずっと右肩上がりである。

だが最近、このＧＤＰそのものに疑問を呈する論調が増えている。その原因のひとつは豊かさと幸福度の関係にある。

平たく言えば、豊かだからといって必ずしも幸福だとは限らないことを実感する社会になったということなのだ。

実際、ここに健康や環境といったデータが加わって、初めて真の豊かさの指標が出るのではないかという指摘もある。

もしかしたら今後、ＧＤＰが上がれば上がるほど逆にこうした声は増え、ＧＤＰそのものの価値が変わるかもしれない。

「外国為替市場」って どこにある〝市場〟？

テレビでニュースを見ていると、「東京外国為替《かわせ》市場の現在の円相場は……」という情報が流れてきたりする。

これは、主にドルやユーロなど外国の通貨に対して日本円がいくらで取り引きされているのかを伝えるものだ。

しかし、この取り引きが行われている外国為替市場に行ったことがあるという人は、まずいないはずだ。

というのも、外国為替市場は日本の東京証券取引所やアメリカのニューヨーク証券取引所のように、どこかに実在するのではなく、電話やコンピューターを通して取り引きされているからだ。

この取引のことを「外国為替市場」と呼んでいるのだ。一種のバーチャルな存在といってもいいだろう。

外国為替市場の世界3大市場はロンドン、ニューヨーク、東京で、そのほかにもシドニー、香港、シンガポール、パリ、フランクフルトがあり、時差を活用して24時間取り引きが行われている。

ちなみに、外国為替市場のニュースが流れる時、テーブルを囲みながら、受話器を持った人たちの姿が映し出される。

あれは売買の仲介役の会社の風景であり、あの場所が外国為替市場というわけではないのである。

「株式市場」は〝会員制〟だって、知ってた？

株の取引をしている人でも知っているようで知らないのが、株が売買されている「株式市場」の仕組みではないだろうか。

株式市場とは、株券の売買をスムーズに行うために、取引される株券の情報が集められ売買されているところだ。

ちなみに、一定の資格を満たし、株式市場で売買が認められている会社を「上場企業」という。

日本国内には現在、東京証券取引所のほかに名古屋、福岡、札幌などに取引所がある。

これらの株式市場はどれも会員制であり、ここで株券の売買をするためには市場の会員になる必要がある。

とはいっても、個人の投資家は会員にはなれないので、会員である証券会社を通じて株の売買を行うことになる。株を始める時に、まずは証券会社に口座をつくって注文するのはそのためだ。

各証券取引所では売買立会い時間が定められており、たとえば東京証券取引所は午前9時から11時30分、午後12時30分から3時まで行われる。

そんな短時間の間にも政治や経済の動きに左右されて株価が大きく変動することも珍しくない。

株を買ったら、世の中の動きによく注意して、信用できる情報をしっかりとおさえないと、イタいめにあう。

「ホールディング・カンパニー」ってどんな会社？

近年、「○○ホールディングス」と名のつく会社が目につくようになった。

ホールディング・カンパニーとは日本語で「持株会社」という意味で、グループ企業の頂点に立って統制する会社のことである。

さらに持株会社にも「純粋持株会社」と「事業持株会社」の2種類がある。

純粋持株会社は、事業活動は行わずに株式を所有することによってグループ全体の経営計画や事業活動を支配することを目的としている。

以前は事業支配力が集中する恐れがあることから独占禁止法で禁止されていたのだが、1997年6月に同法の改正で解禁となった。

これに対して事業持株会社は、自ら事業を行いながらグループ内の子会社を統括して動かしている会社だ。

つまり、事業と企業経営を兼業している体制で、日本経済における通常の株式の保有といえる。

ホールディング・カンパニーは、グループ全体で動くことができるので、企業が単独ではできないようなスケールの大きな事業が可能になる。

しかし、その反面、各社が同じような事務作業を行うため非効率になりがちだともいわれている。

「社長」と「CEO」の偉いとは?

かつては会社のトップの名刺に印刷された肩書きといえば、代表取締役社長というのが当たり前だった。

だが、今では「CEO」だ。日本語では「最高経営責任者」といわれる役職だが、今までの社長とは何がどう違うのだろうか。

CEOとは、アメリカの経営組織の中では役員のことで、理事会や取締役会の意思決定にしたがって経営を行う責任者を意味する。つまり、経営のトップに立つ職位である。

そして、CEOの次にくるのがCOO(最高執行責任者)である。COOは、CEOが決定した内容を実行するために組織を動かす役割を担っている。

では、なぜ「最高責任者」が2人いるのだろうか。

それは、トップの仕事を経営と執行に分けることで、負担を軽減し、重要な意思決定に遅れが出ることなく迅速に対応できるようにするためなのである。

また、業務を分担することで責任の範囲を明確にすることもできる。売上や利益が目標を達成できない場合は、すべてＣＥＯが責任を負うことになり、解任されることもあるのだ。

ちなみに、ＣＥＯや社長は法律上の地位や名称ではない。会社法で定められているのは、代表取締役だけなのである。

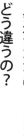

「会社更生法」と「民事再生法」ってどう違うの？

企業が倒産するニュースでよく耳にする言葉に、「会社更生法」と「民事再生法」がある。

これらは、どちらも会社再建をめざすための〝敗者復活〟の手続きなのだが、具体的にはどこがどう違うのだろうか。

まず会社更生法では、裁判所が指名した管財人が企業再建に向けた計画を作り、実行していく。この場合、それまでの経営者は、経営責任をとって退陣しなければならない。

そして再建計画では、倒産した企業の債務を銀行などの融資先にどれだけ放棄してもらうか、つまり借金をどのくらい棒引きしてもらうかという案もつくる。

こうした案を、関係者に認めてもらってはじめて更生計画が実行に移されるのである。

このため、再建が軌道に乗るまでには、長い時間がかかる。

一方の民事再生法は、それまでの経営者が引き続き経営再建に当たることが認められている。

また、再建計画を認めるのに必要な関係者の比率は、会社更生法ほど多くなくていい。このため、計画の作成と実行に時間がかからないという利点もある。

なお、どちらの法律を使って再建するかは裁判所によって決定される。

「利益」「収入」「収益」は、どこがどう違う？

「利益」と「収入」と「収益」の違いとは何だろうか。まるで国語の問題のようだが、この3者は似て非なるものだ。

まず、利益を式で表すと「利益＝収益－費用」になる。収益とは売上高のことで、費用は仕入れや給料などの経費のことだ。

たとえば、1000万円を売り上げるのにかかった経費が600万円だったとしたら、利益は400万円になる。つまり、利益と「儲け」はイコールと考えていい。

一方で、収入とは他者から得たお金のことで、会社から支払われた給与などは収入にあたる。ただし、これは必要経費や所得控除を差し引く前の額なので、収益と同じと考えてもいい。

では、収入と収益がなぜ区別されているのかというと、それは収入が実際にお金のやり取りがあった場合のことをいうのに対して、収益は必ずしもその場でお金のやり取りがあるわけではないからだ。

たとえば、商売では納品しても現金払いされることは少ない。実際の支払いは翌月以降になることが多いのだが、それでも納品した時点で収益として帳簿に計上されるのだ。

そのため、帳簿上では黒字を出しているのに実際には現金がなくて運転資金のやり繰りができず、いわゆる〝黒字倒産〟することもありえるのである。

「銀行」「信用金庫」「信用組合」は、どこがどう違う？

金融機関には銀行や信用金庫、信用組合があり、いずれも同じような金融サービスを行っているように見えるが、違いはどこにあるのだろうか。

じつは、それぞれ設立された目的がまったく違うのだ。まず、法人として成立するための組織形態が違う。

銀行は株主の利益を最優先にする株式会社組織で、信用金庫と信用組合は利益を追求しない協同組織の非営利法人なのである。

信用金庫と信用組合はおもに地元の中小企業や商店などに融資などを行っている。また、出資者を会員や組合員と呼び、それぞれが議決権を1票ずつ持っているので、経営に対する意見も反映されやすい。

一方で、利益を求めることが最優先される銀行は大企業を主な取引先としているうえ、株式会社なので大口株主の意見が通りやすい。

では、信用金庫と信用組合の違いは何かというと、営業区域の差である。

信用金庫は「信用金庫法」に定められた範囲で、比較的広域に取引先を持つことができる。たとえば信用金庫によっては都道府県をまたいで支店を置いているが、信用組合ではそれができない。

信用組合に出資する組合員は地元の事業主などの職域の限られた人たちであり、彼らを対象に設立されることが多い。

「連結決算」って何をどう〝連結〟している？

過去1年間の企業の業績を売上高や経常利益といった数字で示したのが「決算」だ。これをみれば、その会社が赤字か黒字なのか経営状態がわかる。

この決算で上場企業に義務付けられているのが「連結決算」だ。

連結決算とはその企業の子会社を同じ企業集団とみなし、子会社の財務状況も合わせて算出することだ。

資本関係のある子会社の決算を〝連結〟してまとめることで、株主や投資家に対して経営状態をより明確にするのが目的なのだ。

たとえば、上場企業が大量の在庫を抱えて経営不振に陥ってしまった場合、その在庫を子会社に売りつけてしまえば表面上は黒字になり、本来なら赤字となるはずの決算も利益が出たようにみせられる。

このような経営を続けていると、企業はいつ倒産してもおかしくない状態になるが、業績を決算書でしか知らされていない投資家や株主にはそれが見えない。

そこで決算の際に子会社の決算も一緒に発表することにすれば、このような表面上の操作をしても在庫を抱えていることが明らかになり、本来の経営状況も把握できる。

連結決算の導入により、今や上場企業の経営はいっそうガラス張りになったのである。

富士山が噴火したら「経済被害」はいくらぐらい？

世界文化遺産である富士山は、有史以前から何度も噴火を繰り返してきた。1707年（宝永4年）の宝永噴火を最後に300年以上も噴火していないものの、今もれっきとした活火山なのだ。

宝永噴火は最大クラスの噴火だったが、同じ規模の噴火が現代で起きたらどうなるか。富士山ハザードマップ検討委員会の報告書には、その被害想定が記されている。

まず、被害総額は最大で約2兆5000億円にのぼるという。

火山灰が積もった農地では作物が枯れ、その年は収穫がなくなると予想される。また、道路や鉄道、電力といったインフラも麻痺してしまい、輸送が滞るだけでなく製造ラインも停止せざるを得なくなってしまう。それに観光業へのダメージも大きい。

さらに、雨が降ると灰の重みが増して、とりわけ木造家屋では大きな被害が出る想定だ。

それに加えて土石流によって家が倒壊したり、洪水で家が浸水するとされる。

火山灰による避難を強いられる住民は静岡、山梨、神奈川の47万人と推定されているが、そこに観光客も加われば人数はもっと膨れ上がるだろう。

宝永噴火では、東京や房総半島にまで火山灰が積もったという。それを考えると、東京の首都機能に大きな影響が出る可能性が高い。

いまさら聞けない YouTuberが儲かるしくみとは？

ネットの枠を超え、今やほかの媒体にも引っ張りだこのYouTuberは、昨今の子供たちの「あこがれの職業」の上位に堂々と名を連ねる花形の職業である。

そんな彼らの大きな収入源は広告だ。企業がYouTubeに広告宣伝料を支払い、YouTubeはその広告宣伝料をYouTuberに支払うという構図である。

その次がスーパーチャットと呼ばれる視聴者からの〝投げ銭〟だ。配信内容が面白ければ視聴者が直接お金を支払う。広告と異なり再生回数は影響しないので、ゲームの実況などでは、一度の配信の投げ銭だけでかなりの収入になったりする。

さらに、視聴者が特定のチャンネルに月額料金を支払って支援できる「YouTubeメンバーシップ」もある。コアなファンがつけば、この収入も少なくない。

今や、年収が〝億超え〟のYouTuberは山のようにいる。彼らを抱える専門の事務所も増えており、今後もエンタメ界の中心として存在感を増すはずだ。

金融業界で「ユニコーン」って何のこと？

金融業界で「ユニコーン」といえば、起業から10年以内の若い企業で、未上場でありながら企業評価額が10億ドル（約1110億円）を超えるテック企業のことをいう。

このような非常にまれな存在であることから、伝説の一角獣になぞらえてそう呼ばれるようになった。有名どころでは、「テスラモーター」のCEOでもあるイーロン・マスク率いるスペースXや、「TiK ToK」を運営する中国のByteDanceがある。

2021年にはその数が世界で700社を超えて、もはや希少ではないともいわれているが、裏を返せばITを武器に新しい企業が次々と生まれているということでもある。

国別のユニコーンの数はアメリカが最も多く、中国が2位につけている。

テレビショッピングの「儲け」の秘密とは?

薄利多売の精神に基づいて短時間で大量に売る、これがテレビショッピングのカラクリの基本である。

まず、商品はメーカーから一括で大量に仕入れるので、かなり有利な金額で購入することができる。それをテレビで出演料のかからない自社社員を使って宣伝し、過剰なほどの煽り文句と、驚くほどのサービス品で視聴者の購買意欲を刺激し、短時間で最大の宣伝効果を上げるのだ。

さらに、非正規雇用のオペレーターを短時間だけ雇って電話注文を受けるシステムなので、家賃の高い広大な売り場も不要になる。いうまでもないが、短時間で売りさばくことができるものだけが商品としてチョイスされている。

売れる時間かどうかは放送直後の数時間が勝負であり、いかにその時間帯に多くの注文を受けるかが商売の勝負を決める。そう考えると、テレビショッピング独特の煽り文句や、これでもかとたたみかける使用者のコメントなどもうなずけるというものだ。

テレビ局が積極導入する「見逃し配信」とは？

テレビ番組がどれほどの視聴率を稼ぐかというのは業界のみならず、一般的な関心事だ。しかし、近年では〝リアタイ〟と呼ばれるリアルタイムで視聴をする人は減少しつつあり、録画や見逃し配信であとから番組を楽しむ人が増えてきた。

テレビの機能もそのニーズに対応し、同時刻に複数の番組を録画できたり、遅れて見始めた番組を頭から視聴できる〝追っかけ視聴〟ができる機能が当たり前になってきた。

とりわけ連続ドラマは、第1話から視聴してもらうことが大切で、そのために各局は見逃し配信を行っている。

見逃し配信はTVer、Hulu、ＦＯＤなどのオンデマンドサービスを利用して、一定期間無料で配信される。視聴者は登録すれば見逃した番組を見ることができるわけだ。

２０１６年には、関東地区で見逃し配信で観るタイムシフト視聴率の計測も開始された。視聴するデバイスもテレビだけでなくタブレット、スマートフォンやパソコンなど多様になっている現在では、視聴者獲得に欠かせないのが見逃し配信なのである。

銀行が店舗統合を進める裏事情とは？

政府は電子マネーの利用を推進し、キャッシュレス化の時代も日進月歩の勢いだ。急速に進む社会のデジタル化は、街の風景そのものも変えている。リアル店舗がなくても取引可能なネットバンキングの勢いが増しているのだ。

その流れを受けてメガバンクをはじめとする銀行も店舗の統廃合を進めており、使い慣れた近所の店舗がなくなってしまったという人も多いだろう。

ネットバンキングが登場してからも既存の店舗と共存してきたものの、顧客のインターネットとのつながり方は激変した。モバイル端末によって人々が常時インターネットに接続している状況では、５Ｇの普及によってさらにその利便性は増すだろう。そうなると、維持費や固定費がかかるリアル店舗の重要性はますます低くなる。

振り込み作業はネット上で完結してしまうし、現金の引き出しはリアル店舗やＡＴＭを利用することになるが、諸外国のように電子マネーが主流になればさらにその必要性は薄れる。駅前に銀行が必ず存在するという町並みは過去のものになるだろう。

店舗を持たない「ゴーストレストラン」ってどんなお店？

外食産業にとって、デリバリーがかつてないほどの重要性を帯びている。そんななか、注目されているのが「ゴーストレストラン」という業務形態だ。

ゴーストレストランはニューヨークで始まった。客席をいっさい持たず、店頭販売もしない。完全にデリバリーのみのレストランなのだ。

リアルに集客する必要がないために場所を選ばず、必要なのは厨房とそのスタッフだけだ。つまり、開店に必要なコストがかなり抑えられるし、維持費も安くなる。いくつかの店舗でキッチンを共有するシェアキッチンというサービスもある。

ゴーストレストランの経営を可能にするのは、ウーバーイーツに代表されるデリバリーサービスだ。日本でもコロナ禍が後押しをするかたちになって、デリバリーサービスが急速に拡大した。もともと都市部の家賃が高額な日本で、ゴーストレストランが普及する素地は整ったといえるだろう。

生命保険会社が「健康アプリ」を提供するのは？

健康維持やダイエットのためにスマートフォンや、タブレット端末で使えるアプリを利用している人は多い。毎日の食事や体重、体脂肪率、血圧などが記録できて、歩数計機能などもあり、気軽に続けられるのがメリットである。

これらのアプリに積極的に参入しているのが生命保険会社だ。

ＡＩを利用して加齢による自分の姿を予測する、アプリ利用者同士で情報を共有できる、医師に健康相談ができるなど、さまざまなサービスを提供することで各社はしのぎを削っている。

生命保険会社にとっては、保険の契約者でなくても無料で使えるアプリをきっかけに潜在的ユーザーを獲得するのが狙いなのだ。

また、アプリの利用によって健康増進を図れば、将来生命保険に加入したユーザーに対する疾病保険金の支払い額も抑えられることになる。

常識その3　社会

「５Ｇ」が主流になると、世の中はどう変わる？

An Encyclopedia
of Common Sense
Adults Need to Know

５Ｇが主流になると、世の中はどう変わる？

「５Ｇ」とは、第5世代移動通信システム（5th Generation）の略語で、読み方はファイブジーだ。２０２０年の春から5Ｇを利用したさまざまなサービスが登場しているが、その実態はどんなものなのか。

５Ｇの特徴をひと言で言うと、情報の処理速度と容量が格段に進歩したことだ。これまでの４Ｇと比較すると通信速度は20倍、処理容量は10倍、そして遅延速度は10分の１になっている。

つまり、同時にたくさんの機器と接続したり、容量の大きいデータを処理したりすることができるようになり、タイムラグも生じにくくなるのだ。

これによって住宅や工場をネットにつないでＩＯＴを利用したり、ロボットを使った遠隔手術や車の自動運転など、より複雑な作業にも道が開けることになる。

ただし、セキュリティの弱さも指摘されており、サイバー攻撃や情報漏洩のリスクなど解決すべき課題も多いのが現状だ。

現在地を伝える「位置情報アプリ」の使い道とは？

スマートフォンやタブレット端末で使う位置情報アプリは、アプリを入れているだけで自分のいる位置を地図上に表示することができる。

一般的には、子どもや高齢者の見守りになどの防犯対策に利用されているものだが、自分の位置が容易に特定されることでストーカー犯罪に巻き込まれる可能性があるという危険もはらんでいる。

若者世代には、電話やメールという積極的なアクションをしなくても今自分がいる位置を知らせたり、相手の位置を知ることができるという点で便利なツールとして利用されている。

たとえば待ち合わせをして、「今どこ？」と聞く代わりに、アプリを立ち上げて相手の位置をチェックするのが若者文化というわけだ。

日本が直面する「8050問題」「9060問題」って何？

80歳代の親が、生活力のない50歳代の子供の生活の面倒をみる――、そんな親子関係が増えている。それが「8050問題」だ。

親が亡くなったり、認知症などで施設に入ってしまうと、残された子供は生活できなくなる。そして、その状況のまま親も子も歳をとり、90歳と60歳になると「9060問題」となるのだ。

たとえば、90歳代の親のために派遣されたヘルパーが、親だけでなく、子供の世話もしなければならないケースが急増して深刻な問題になっている。

国政調査によると、40～50歳代で親と同居する未婚者は、1996年には約113万人だったが、2015年には約340万人と一気に増えた。

当然、8050問題や9060問題を抱える世帯も増加したと考えられる。なかには、自殺や心中、殺人事件に発展することもあるので早急な対策が必要だ。

「孤独死」をめぐる知られざる「現実」とは？

実は、「孤独死」の明確な定義はない。孤独死の人数を調査していない自治体も多く、一年間で全国で孤独死した人数を正確に出すのは難しいのだ。

しかし、ある生命保険会社の調査では、「自宅で死亡し、誰にも気づかれず2日以上経過した死者」の数は、年間で約2万7千人弱とされる。また、内閣府の統計では、東京23区に限ると、２０１１年に孤独死した人の数は３１７９人で、その数は毎年少しずつ増えている。

近年、一人暮らしの高齢者が増えているが、そういった高齢者は地域の人々との交流がなく、孤立した生活を送るケースも珍しくないことから、この数はさらに増えると考えられる。

最近は、賃貸物件の所有者向けに、亡くなった住民が滞納した家賃や部屋を現状回復するための費用を補償するための孤独死保険も発売されており、今後もさらにいろいろな形で社会問題化していくと思われる。

「ダイバーシティ」が注目されるのはなぜ？

「多様性」と訳される「ダイバーシティ」という言葉は、1990年頃から雇用機会を均等にすることを目的にアメリカでよく使われるようになった。

そのアメリカでは、今では履歴書に年齢や性別、生年月日、家族構成など仕事に関係のない個人の情報を記入させることや、顔写真の添付も違法となるほど運用を徹底している。

いろいろなバックグランドを持つ人々が共に成長することが、生産性や競争力を高める「ダイバーシティ＆インクルージョン」という考え方も重視されるようになっている。

日本でも2020年頃から聞かれるようになったが、その目的は差別の是正というよりは、どちらかというと労働者の確保という意味合いが強い。

少子化によって今後ますます国内の労働力が減っていくなかで、性別や国籍などを問わず組織の中に多様な人材を確保して競争力を高めようという文脈で用いられることが多い。

「成年年齢引き下げ」で18歳ができるようになることとは？

２０２２年４月１日から成年年齢が18歳に引き下げられる。つまり、この日にこの時点での18歳以上の未成年者が一気に大人の仲間入りをするということだ。未成年から成年になると何が変わるのかというと、まず父母の庇護下でなくなるということだ。ローンを組んだり賃貸契約を結んだりする際、未成年は保護者の同意が必要だが、成年に達するとその必要がなくなる。

また、医師免許や公認会計士などの国家資格や、10年間有効のパスポートも取得できるようになる。２０１６年からすでに始まっているように選挙権も与えられることになる。

ただし飲酒や喫煙、ギャンブルは依存性に配慮して、これまで通り20歳以上でなければできない。18歳、19歳は成人式の後の飲み会はもちろんご法度である。

「LGBT」「SOGI」…正しく理解してる？

多様化が叫ばれる近年、性差や性別に関するジェンダーという言葉を耳にする。その関連でこちらもよく聞く「LGBT」という言葉があるが、これはL＝レズビアン（女性同性愛）、G＝ゲイ（男性同性愛）、B＝バイセクシャル（両性愛）、T＝トランスジェンダー（異なる性自認）という性的少数者の人たちを意味する。

だが、これを単にマイノリティの性的嗜好ととらえることは差別やハラスメントを助長することになる。そこで最近、浸透し始めているのが「SOGI（ソジ）」という言葉だ。

これは「SO」＝好きになる相手の性（セクシュアルオリエンテーション）と、「GI」＝心の性（ジェンダーアイデンティティ）という意味を合わせたもので、

「自分の性をどうとらえ、誰を性愛の対象にするか」という意味だ。

SOGIは、人類全員が当時者ということになる。つまり、ジェンダー問題を特定の配慮とするのではなく、SOGIという概念でもって、すべての人の人権問題と考えようということなのだ。

日本の皆保険制度は意外と恵まれている？

日本は世界でも医療へのアクセスが良い国として知られている。これを支えている大きな柱が国民皆保険制度だ。日本国民であれば全国どこの医療機関にかかっても公的保険によって診察、治療などの医療を受けられる。
国民はおもに国民健康保険、健康保険組合、全国健康保険協会、共済組合、後期高齢者医療保険のうち、いずれか一つの公的保険に加入する。加入率は100パーセントで、すべての国民が同様に利用することができる。
日本と同じ社会保険方式の国にはドイツやフランスがあるが、フランスの加入率は99パーセントで、ドイツは87パーセントとなっている。

またアメリカの場合は、公的医療保険を利用できる人が限られていて、国民の多くは民間保険に加入することになるのだが、負担の大きさから保険に加入できない無保険の人も10パーセント程度いるという。

ただし、日本でも高齢化が進み医療費が増大することで現役世代の負担が重くなっている。保険料や高齢者の医療費負担の引き上げ、検診などによる医療費の抑制など、皆保険制度を維持するための課題は山積みなのである。

「医師会」って どんな団体？

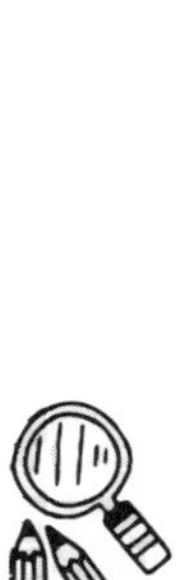

新型コロナ関連で毎日のようにメディアに登場する日本医師会は、医療情勢の語り手としてさまざまな現場で存在感を示している。

ホームページを見ると、47都道府県の医師会の会員から構成される団体であり、また医師会の政治団体である日本医師連盟は、多額の献金を行う代表的な業界団体の一つであり、政治の世界にも大きな影響力がある。

強大な力を持つ日本医師会ではあるが、日本で医師免許を持っているすべての人が加入しているわけではない。2019年末時点で、全国の医師の数は約32万7000人で、そのうち医師会の会員数は約17万2000人となっている。加入率は6割程度だ。とくに若い世代の医師では未加入の人が目立つという。

医師会イコールすべての医師が加入する団体と思ってしまいがちだが、あくまでも任意加入の団体なのである。

「妨害運転罪」を簡単に言うと？

近年大きな社会問題になったのが、後続の車が先行する車に悪質な妨害行為や威圧的な運転をする「あおり運転」である。
あおり運転による事故が多発するなか、2017年に東名高速道路で起きた死亡事故がきっかけになり、厳罰化を求める社会的な動きが活発になった。当時は、妨

害運転をしてもそれだけで罰則を科すことができる法律は存在しなかったのだ。

そこで、２０２０年６月に施行された道路交通法改正により、あおり運転そのものを取り締まる妨害運転罪が設置された。あおり運転を行えば最大で懲役３年、それにより交通に危険を生じさせれば同様に懲役５年が科せられることになる。

さらに、あおり運転で摘発されれば一発で免許取り消しになる。便利な車を安全に使うためには、ドライバー一人一人のモラルが重要だ。あおり運転を行う人間には運転させられないというのが社会全体のコンセンサスとなったのである。

ＥＴＣが導入されて渋滞は減ったの？

日本で高速道路での料金支払いにＥＴＣが導入されたのは、２００１年のことだ。そのおもな目的は高速道路の混雑を防止すること、キャッシュレス化、管理費の削減などである。２０２０年６月時点でのＥＴＣ利用率は約93％とかなり高い。
ところで、ＥＴＣは料金所の渋滞の解消につながると期待されたが、実際はどう

なのだろうか。ある調査によると、ETCを導入する前は、高速道路が渋滞する理由のワースト1位は料金所の渋滞だった。

しかし導入後は、それがほぼ解消したともいわれるが、バーがあるのでどうしても減速する必要がある。またETC設置場所の前後では道幅が狭くなるので、現実には料金所における渋滞はゼロとはいかないようだ。

とはいえ、やがてETC利用率100%の時代になるともいわれており、その利便性がさらに追求されている。

世界でも珍しい「戸籍制度」がなぜ日本に？

外国映画を観ていると、警察官が一般市民に「身分を証明するものは？」と、何らかの身分証明書の提示を求める場面がよく出てくる。

ところが、同じ身分証明に関することでも「戸籍」が話題になることはない。「結婚をして、あなたの籍に入りたい」とか「あなたの籍はどこ？」などという会話をしている外国人などは見たことがない。

なぜなら、ほとんどの国に戸籍制度がないからだ。戸籍制度は世界中どこを見回しても日本、韓国、台湾などにしかない。

日本で戸籍という考え方が採用されたのは、大化の改新（６４５年）以降の律令制の時代だった。

ところが貴族社会になると、農村における実力者のみを政府が把握する制度に変わったために戸籍制度はなくなる。

再び戸籍制度が復活するのは明治以降である。

その目的は、筆頭者を中心にした「戸」の中に誰が住んでいるかを把握することによって国家の統制をとることにあった。

いわば、戸にどんな人間が所属しているかを確認するのが戸籍制度なのだ。

これは、あくまでも個人登録を基本とする欧米諸国の身分登録制度とは根本的に考え方が異なる。世界的にみれば、かなり独特な制度なのである。

「出生届」「死亡届」、出さないままだとどうなる？

人が生まれた時に提出する「出生届」と、亡くなった時に届ける「死亡届」は、いずれも本人には出すことができない。

そのため重要な届けであるにもかかわらず、届け忘れが起きかねないので注意が必要だ。

出生届（出生届書）は、生まれた日を含めて生後14日以内に医師または助産師による「出生証明書」を添付して出生地か本籍地、または届出人の住所地の市区町村役場に提出する。

もし正当とみなされない理由で期限を過ぎると、5万円以下の過料を徴収されることがある。

届出の時にはもちろん、生まれた子どもの名前を決めておく必要がある。

だが、もし期限内に名前が決まらなかった場合は、名前の欄を空白で提出して後日、「追完届」を出して名前を記載してもらう方法もある。

一方、死亡届（死亡届書）は死亡を知った日から7日以内に届けなければならない。この場合も医師による「死亡診断書」の添付が必要となっている。

死亡届も出生届と同様に正当な理由がなく届け出が遅れた場合には、5万円以下の過料を徴収される場合があるのだ。

誰かが届けただろうと思わずに、親戚や家族でしっかりと確認し合って届け忘れのないようにしたい。

「借金」にも「時効」がある？

長い間会ってなかった知り合いに、「そういえば、貸していたお金を返してくれ」と言ったら「あれはもう時効だよ」と返された——。

実際、そんなことがあるのだろうか。

じつは、我が国では基本的には借金にも時効があり、民法改正により２０２０年

4月1日から貸主が個人の場合でも、貸金業者や銀行などの法人でも5年がその期限となっている。

とはいえ、時効成立のための条件は意外と難しい。

まず借りた側が、借金していること自体を認めておらず、それまでに1円も返済をしていないことが条件となる。

さらに、貸した側が「返してほしい」と言わなかったことなど、これらの条件を満たして初めて借金はナシになる。

だが、5年または10年の年月が過ぎても、それで自動的に借金が消滅するわけではない。借りた側が時効成立を主張し、それが認められなければならないからだ。

ふつうは内容証明郵便（配達記録付）で相手に通知をする。これがなければ時効成立後に返済の催促をされても文句はいえない。

だから、冒頭のようなケースで偶然に出会った時に「5年以上経ったから時効だ」と言われても、何の手続きもしていなければ借金はまだ存在していることになるのだ。

養育費のトラブルを相談できる機関とは？

バツイチといわれても今ではさほど驚かなくなってしまったが、離婚にともなってお金のトラブルも増えている。なかでも最も多いのが養育費の問題だ。

協議離婚した夫婦のうち、母親が子どもの親権を持つケースが9割にのぼるが、そのうち養育費を一度も受け取っていない母親は2016年の調査で56パーセントもいるという。「女手ひとつ」で子どもを育てている母子家庭が苦しい状況に置かれているのだ。

そこで、厚生労働省の委託で開設されたのが、養育費をもらえずに困っている当事者の相談を受けつけ、解決方法をアドバイスする「養育費相談支援センター」だ。

同センターの相談員は元家庭裁判所調査官らが中心で、離婚後の養育費の受け取りに不安や問題を抱える母親や父親を対象とした「相談事業」をはじめとして、各自治体で相談事業に対応できる人材づくりのための「研修事業」、養育費不払い問題の予防や解決のための「情報提供事業」を行っている。

裁判所のように強制力を持った機関ではないが、その分気軽に利用できるのが特徴だ。

子どもがいても離婚せざるを得ない状況になってしまった人、なりそうな人はこのセンターの存在を心にとめておくといいだろう。

「署名」と「記名」、どう使い分ける？

大人になるとローンを組んだり、何かと契約書を交わす機会が増える。

この契約書を作成する時に必要なのが当事者の「署名《しょめい》」や「記名・押印《おういん》」だが、この署名と記名を同じものだと思ってはいないだろうか。

署名とは契約者本人が自筆で書くこと、つまりサインすることを意味する。署名は人によってそれぞれ筆跡が異なるので、筆跡鑑定を行えば本人が実際に書いたものかどうか確定ができる。

そのため、当事者本人が本当に契約を交わしたという証拠として、より信頼できるものと考えられているのだ。

一方、記名とは自署以外の方法で氏名を記載することをいう。たとえば、ゴム印で押したものやパソコンなどで印刷したもの、他人が代筆したものなどがそうである。このため、記名は自筆と違って偽造なども容易にできる。本人の意思によるものかどうかを確認することはきわめて難しいので、署名に比べれば証拠能力も格段に低いのだ。

そこで、法律上では「記名・押印をもって署名に代えられる」ということになっている。印鑑を押すことで本人であるという証拠を補強しようというわけだ。つまり、法的にいえば、署名があれば押印しなくても契約は有効ということになる。

そもそも「刑事裁判」と「民事裁判」の違いとは？

1つの殺人事件をめぐって、「刑事裁判」と「民事裁判」の両方が行われる場合

がある。

なぜなら、この2つの裁判では裁かれる内容がまったく異なるからだ。

まず刑事裁判とは、被告人（被疑者）が犯した罪についてどのような刑罰を科すのが適当かを審理するものである。

ここで注意しなければならないのは、刑事裁判の場合、被疑者を裁判にかけるのは被害者ではなく、あくまでも国（検察）であるということだ。

この裁判によって被告人が有罪か無罪か、有罪ならどれくらいの量刑になるかを決定するのである。

一方、民事裁判は個人と個人、会社と個人など私人の間のトラブルを法的に解決するためのものである。

金銭の貸し借りや相続問題、離婚、家庭内のもめ事など、暮らしの中で生じた争い事に関しては民事裁判で審理される。被告（民事裁判では被告人ではなく、被告という）に対しては罰金刑などが科される。

たとえば、1つの殺人事件に関して刑事と民事の両方の裁判が開かれる場合は、刑事裁判では殺人を犯した被疑者の罪について争われ、刑罰が決められる。

それに対して民事裁判では、殺された被害者の遺族が、その犯罪によって失ったものに対する補償を被告に求めることが目的になるのである。

そもそも「検察」って
どんな仕事をしてるの？

事件が起きた時、捜査をして被疑者を逮捕するのは警察の役目だが、その先は検察の仕事になる。ちなみに、その被疑者を検察に引き渡すことを送検という。

送検されてきた被疑者を起訴するか、つまり裁判にかけるかどうかを決めるのが検察の大きな役割である。

といっても、すぐさま起訴するわけではない。被疑者が本当に犯罪を犯したかどうか念入りに取り調べ、刑罰に値すると判断した場合のみ起訴に踏み切るのだ。

その際、証拠が足りないと思えば、検察官が自ら捜査を行うこともある。

そして裁判では証拠を提出し、どのくらいの量刑が妥当かを判断して求刑をするのである。

一方、年齢や心神喪失などの理由で罪にならない、または犯罪を立証するほどの証拠がない時には不起訴になる。

ただし、それが正しかったかどうかを審査する検察審査会という組織があり、ここで不当だと判断されれば強制起訴されることもある。

ちなみに、検察も捜査や逮捕の権限を持っている。

検察が独自に動くのは政治家や役人の汚職、大企業の不正を暴くケースが多いためであり、こうした事件を扱うのは検察の中でも捜査のプロと呼ばれる特捜部である。

「完全勝訴」と「全面勝訴」ってやけに似ていない？

大勢のマスコミや関係者が待つ裁判所の玄関から弁護士が駆け足で飛び出してきて「完全勝訴」と書かれた紙を掲げる——。このような場面をニュースで見たことはないだろうか。

ただ、掲げられた紙に書かれた文字は「完全勝訴」のこともあれば、「全面勝訴」

の場合もある。

いったい、これらにはどんな違いがあるのだろうか。

完全勝訴は文字通り、原告の起訴内容が完全に受け入れられたことであり、全面勝訴とは原告の要求が完全に受け入れられているのではなく、何かしら軽減されて受け入れられたことである。

たとえば、2000万円の慰謝料を請求した裁判において、2000万円の支払を命じる判決が出れば完全勝訴となり、1500万円だと全面勝訴ということになる。

そのほかに「一部勝訴」というのもあり、こちらは痛み分け判決ともいわれる。原告、被告のどちら寄りでもないような判決といえるのだ。

もちろん原告が不服とする場合には、上告や再審請求といってあらためて裁判を起こす権利もある。

1996年の民事訴訟法改正で迅速化されたとはいえ、裁判とは長い闘いの場でもあるのだ。

「拘置所」「留置所」「刑務所」…逮捕されたらまず入るのは？

刑事事件で被疑者が逮捕されると、警察に連行されて入れられるのが留置所だ。留置所は警察署内にあるもので、管轄は各都道府県警ということになる。

逮捕したあとも引き続き取り調べや捜査をしなければならないと警察が判断し、身柄を拘束しておく必要がある場合には、そのまま留置所に収容される。そうすることで、逃走や証拠隠滅を防いでいるわけだ。

そしてさらに、その被疑者には裁判にかけるだけの十分な証拠があると検察が判断すれば起訴される。

この起訴された被告人が移されるのが拘置所である。裁判が終了するまでは拘置所に拘留されることになるが、まだこの時点では受刑者ではないので服装や面会などに制限はない。そして裁判で実刑判決が言い渡されると、今度は受刑者として刑務所に入れられることになるのだ。

意外なことだが、死刑確定者は刑務所には収容されず、拘置所に入れられる。刑務所はあくまでも懲役や禁錮などの身体拘束を伴う刑罰を受けた者が入れられる施設であり、死刑確定者はこれに当てはまらないからだ。

ニュースで、「○○容疑者は今日、身柄を拘置所に移されました」と報じられれば、捜査がひと段落して、いよいよ裁判が始まるということになるわけだ。

「記者クラブ」ってどんな集まり？

記者クラブをわかりやすくいえば、大手メディアの記者が集まった組織である。首相官邸や各省庁、市役所、警察署、地方公共団体、業界団体などに置かれていて、継続的に取材を行うことが目的とされている。

そもそも1890年の第1回帝国議会の時に新聞記者の取材禁止という措置がとられたために、それに対抗して在京各社の議会担当記者が「議会出入記者団」を結成したのが始まりだ。

戦後は「親睦社交を目的として組織するものとし、取材上の問題には一切関与しない」という規定が設けられ、それが現在も原則となっている。

記者クラブが存在することで、各団体などの公式発表はすぐにメディアにのって国民に知らされるというメリットがある。

その一方で、欠点やデメリットもある。

たとえば、記者クラブは基本的に日本新聞協会に加盟している新聞社や通信社、日本民間放送連盟加盟の放送各社が中心となっているが、現実にはかなり閉鎖的であり、それが報道体制そのものの閉鎖性につながっているという指摘もある。

また、取材される側との距離が近づきすぎて、馴れ合いや癒着が生まれやすいという批判もある。

さらには、メディアを利用した情報操作が生まれやすいという見方もあって、記者クラブ廃止論が根強いのも事実である。

実際、「DNA鑑定」は どの程度役に立っている?

犯罪捜査などで、現場に残された髪の毛1本からでも犯人を特定することができるのが「DNA鑑定」だ。

デオキシリボ核酸(deoxyribonucleic acid)の頭文字を取ってDNAと呼ばれるのだが、このデオキシリボ核酸とは体の細胞の中にある遺伝物質のことである。

DNAはすべての生き物が持っている遺伝子で、〝生命の設計図〟ともいわれている。人間で同じDNAを持っているのは一卵性双生児以外にはなく、終生変わることはない。

つまり、DNAは固体を識別する〝身分証明書〟でもあるのだ。

それがたとえ微細なフケであっても、たんぱく質が含まれていればそこからDNAを採取できる。

つまり、鑑定によって誰のものなのかを突き止めることができるわけで、犯罪捜査では、この鑑定結果が容疑者を特定する手がかりになるのである。

また、生物学上の両親を探す場合などにもＤＮＡ鑑定は行われる。

人間は、父親由来のＤＮＡと母親由来のＤＮＡを必ず１組ずつ受け継いでいるので、複数の「型」を鑑定することで親子である確率をはじき出すことができるのだ。

日本のデジタル改革をめぐる二つの問題とは？

日本はデジタル改革が遅れているというのは以前から指摘されていることだが、そこには深刻な２つの問題が横たわっている。

ひとつは、ＩＴを駆使して登場するアマゾンなどのような新規参入者にあっという間に経営を脅かされるという点だ。スマホやパソコンがあれば何でも買えるというシステムは消費者の消費行動を一変させ、小売りや流通業は経営戦略の大きな見直しを余儀なくされている。

そしてもうひとつ、日本では「２０２５年の崖」という問題も抱えている。これは、企業で長年使われてきたＩＴシステムは古いプログラミング言語で書かれていることが原因だ。そのプログラムを書いたエンジニアが２０２５年までに定年を迎えることによって、まるで崖を転げ落ちるかのように企業の競争力が落ちていくことを意味している。

このように日本のデジタルトランスフォーメーションは待ったなしの状況にあるのだ。

最近よく聞く「ワーケーション」って何？

ニューノーマルが叫ばれるなか、改めて注目されているのが「ワーケーション」という働き方である。働くこと（work）と休暇（vacation）を合わせた造語で、文字どおり休暇先で仕事をするスタイルのことだ。

メリットはテレワークと同じで、通勤時間の削減をはじめ、ワークライフバランスの実現、そしてそれに伴うメンタル面の充実だ。導入することで社員の満足度が上がれば、おのずと企業の価値も上がるという側面もある。

実際、国内でもリゾートや別荘地がワーケーションの拠点としての名乗りを上げており、じり貧の観光業界も一緒になって盛り上げようとする動きはある。

そんな日本での普及のカギを握るのは、「遊びと仕事を一緒にする」ということへの批判や、それに伴う罪悪感が払拭できるかどうかだ。いくら制度が整っても、生来生真面目な日本人の気質がこの壁を乗り越えられない可能性はおおいにある。

最近よく聞く「シェアオフィス」って何？

今や、パソコンとスマホがあればどこでも仕事ができる時代だ。そんなリモートワーク族を支えるのが、複数の人で職場環境を共有する「シェアオフィス」だ。

コロナ渦においては、さまざまな事情で自宅では気が散るという利用者が中心で、だいたいが自宅と職場から近い場所を希望する傾向がある。

それに呼応する形で彼らの受け皿も多様化しており、ネット環境や個別のスペー

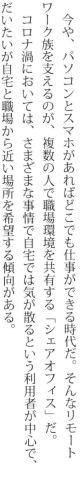

スを確保した従来のシェアオフィスはもちろん、コンビニ店内に造られたもの、ペット同伴可、仕事の合間の趣味のスペースを用意したオフィスまである。

さらに、もう少しライト感覚で利用できる「コワーキングスペース」も含めれば、銭湯や駅のホーム、カラオケなど、あらゆるところに設置されている。

「今月はどこで働こうか」。今後はこんな楽しみがますます増えるかもしれない。

常識その4　暮らし

都心の超一等地に"空き家"が増えているウラ事情とは？

An Encyclopedia
of Common Sense
Adults Need to Know

いまでも公衆電話がある場所の共通点は？

1人1台、スマホを持つ時代にめっきり見かけなくなったのが公衆電話である。そもそも最近の子供たちはその使い方すら知らないし、もはや過去の遺物かといえば実はそうでもない。全国にはまだ10万9000台が設置されているのだ。

緊急時には無料で使えるし、震災で携帯電話が使えなくなった時におおいに役立ったという話もよく耳にする。存在感は薄れたが存在意義はまだまだあるのだ。

だが、このほど設置基準が変更になり、これまで市街地では500メートル四方に1台、それ以外の地域は1キロメートル四方に1台設置されていたものが、市街地で1キロメートル四方、それ以外では2キロメートル四方に1台程度になる見込みだ。

台数的には現在の4分の1程度になるため、今以上に見かけることは少なくなるが、なくなることはけっしてない。むしろ大地震などの災害のリスクが高まる昨今、最寄りの公衆電話の位置だけは把握しておきたいものである。

都心の超一等地に〝空き家〟が増えているウラ事情とは？

人口が密集しているはずの東京都内で空き家が増えていることがときどきニュースになる。総務省の調査によると、実際、日本全国の空き家の数は年々増加している。

１９６０年代の空き家率は約２・５％だったが、２０１８年には約13・６％に上昇している。そして都内に限ると、全住宅の約１割にあたる約81万戸が空き家であり、しかもそのうち約７割が23区内にある。

たとえば、世田谷区などの高級住宅地は富裕な高齢者が多い地域だが、その高齢者が死亡して空き家になるケースが増えている。親族が売却や賃貸を考えても、不動産価値が高いのでなかなか決まらない。長年放置された結果、荒れ果てた空き家になってしまうのだ。

もともと地価が高い地域だし、低層住宅地では高層マンション建設も難しいので開発業者も手を出さない。これが「なぜこんなところに？」というような場所に空き家が増えている背景である。

交番にいる「警察官じゃない人」って何者？

地域の人たちの安全を守ってくれる交番だが、全国津々浦々にあるすべての交番に現役の警察官を24時間配属できるわけではない。２００９年の交番勤務の警察官は約９０３００人だったが、２０１８年には約８９４００人と減少している。

不審者に追われて駆け込んだ交番に警察官が不在で、そこで暴行されたという事件も発生しており、大きな社会問題になっていた。

そんななかで、警察官とは少し装いが違うスタッフが勤務している交番もある。彼らは交番相談員と呼ばれる警察官のＯＢ・ＯＧだ。地理案内や遺失届や拾得物の受理、事件や事故発生の通報や、子どもたちの安全支援などを行っている。

１９８７年に北海道で導入されて以降、地域のことを知り尽くした元警察官であることから、街中で市民の相談を受けるにはぴったりということで全国に広がったのである。

街で見かけるシェアサイクルはどう使う？

駐車場の料金が高額なうえ維持費もかかるとあって、自家用車を持つ家庭は年々減っている。２００５年のマイカー所有率は全国平均で1世帯当たり１・１１２台だったのが、２０２０年の報告では１・０４３台にまで落ち込んでいる。

その一方で普及しつつあるのが、カーシェアリングというサービスだ。最初に会員登録をし、パソコンや電話から予約して気軽に車を借りることができる。

市場規模は徐々に拡大し、ステーションと呼ばれる基地や、利用者の数も着実に伸ばしている。カーシェアリングの場合は借りたのと同じステーションに返却するのがルールだ。

また、都心などの街中で見かけるようになったのがシェアサイクルサービスだ。

利用する際には同じように会員登録が必要だが、わざわざ予約をしなくてもサイクルポートに自転車があれば借りることができるうえ、借りた時と別のポートに返却することもできる。支払いは交通系ICカードでできるのも便利だ。

タクシーの車種をめぐる変化の裏に何がある？

街中を走るタクシーに「JPN　TAXI」と描かれているのをよく見かけるようになった。これは2017年にトヨタが発売開始したタクシー専用車だ。

この〝新型タクシー〟をパッと見て気づくのが車高の高さで、ドアが縦に大きくなって開口部が広がり、床も低くフラットで乗りやすくなっている。

インバウンド観光が順調に伸びたために増えた訪日外国人客や、小さな子どもから高齢者まで、さまざまな人に利用しやすいのが特徴である。

ほかにも、ハッチバックやミニバンなどの車種も増え、荷物の多い客や車いす利用者でも快適に利用することができる。

ひと昔前まではタクシーといえば4ドアのセダンが定番だったが、社会が多様化するに伴って車種も多種多様になってきたのである。

ゲリラ豪雨の予想を可能にする新技術とは？

毎年のように「ゲリラ豪雨」と呼ばれる大雨が、ときに死者が出るほどの大きな災害をもたらす。雨雲が発生してから急激に天候が崩れるために、その予想は困難を極めてきた。

しかし、最近の技術の進歩で、ゲリラ豪雨の予想にも光明が見えてきた。狭い範囲の空を正確に分析できるパラボラアンテナに対し、広範囲の空を短時間で分析できるフェーズドアレイアンテナが登場したからだ。

いつどこで発生するかわからないゲリラ豪雨をもたらす雲も、フェーズドアレイアンテナなら素早く察知できる。

ゲリラ豪雨の被害を防ぐには、いかに早く雲の発生を検知するかが重要であり、

２０２０年8月にはこのアンテナとスーパーコンピューターを利用して、30秒ごとに30分後までのゲリラ豪雨をもたらす線状降水帯の発生を予想する超高速降水予報システムの実証実験が始まったのである。

歩く時は左側通行？ それとも右側通行？

日本では車は左側通行と決まっている。最近は自転車の交通ルールも徹底され、同じように左側通行を守るよう注意喚起が始まった。

ここで1つ疑問が湧く。果たして歩行者はどちらを歩くのが正解なのだろうか？

道路交通法によると、歩行者は歩道と車道の区別のついていない道路では右側通行と定められている。そういえば、子どもの頃「車は左、歩行者は右」と学校で習った人もいるだろう。

だが、場所によっては「左側通行」と書かれている通路もある。

じつは、昔の日本は左側通行が当たり前だったのだ。

これには武士が携えている刀の鞘《さや》がぶつからないようにとか、すれ違う相手から自分が下位（右側）に見えるようにとか、さまざまな説がある。

一方、西洋ではウソかまことか、ナポレオンが左利きだったために剣が使いやすい右側通行になったといわれている。

そして、その習慣がのちに日本にも浸透したため、歩行者だけは右側通行になったともいわれているのだが真偽は不明だ。

今でも駅構内などでは左側通行と決められている場所もある。大事なのは、その場のルールにしたがうということである。

自転車は歩道と車道、どちらを走ればいいの？

自転車に乗っている時に、車道よりも安全な歩道を走る人は多い。

しかし自転車は、道路交通法では「軽車両」に分類されるれっきとした車両である。歩道と車道が区別された道路では、自転車は「車道の左側端」を通行しなければならないと定められているのだ。

したがって、自転車が歩道を走行することは交通違反になる。もし起訴されるようなことがあって有罪判決が下れば、「3カ月以下の懲役または5万円以下の罰金」が科される可能性があるのだ。

といっても、「自転車通行可」の標識がついている歩道なら通行は許される。ただし、この歩道にも制限がある。

「徐行」「歩行者の通行を妨げる時は一時停止」「歩道中央から車道寄りの部分を通行（標識による指定がない時）」といったことを守らなければならない。

これらに違反した場合は、それぞれ「2万円以下の罰金または科料」の罰則が待っている。

また、自転車による重大事故が増えたことから、2013年に道路交通法が改正された。自転車の右側通行が〝逆走〟として禁止になったのだ。

気軽に乗れる自転車だが、しっかりと気を引き締めてルールを守らなければならない。

日本が〝自動販売機天国〟といわれる理由とは？

外出中にのどが渇けば、近くにある自動販売機でさっと飲み物が買える。あまりにも当たり前のことなので、取り立てて自販機が便利だとは感じないかもしれない。

しかし、世界を見回してみれば、これだけ自販機が日常生活に溶け込んでいる国は珍しい。

日本自動販売システム機械工業会によれば、２０２０年の時点で日本に設置されている飲料自販機は約２２８万台である。アメリカはおよそ３００万台と日本を上回っているものの、国土の広さを考えると設置率は日本のほうがはるかに高いといえるだろう。

ヨーロッパでも普及してはいるが、ＥＵ全体で３００万台で国別にみれば日本よりも少ないのだ。

しかも、日本では店の前や道端など屋外の至るところで自販機を見かけるが、これもレアなことである。

欧米では治安などの問題で屋内に置かれているケースが多い。日本はそれだけ安全な国だというわけだ。

さらに、1台で冷たい飲み物と温かい飲み物に対応できる「ホット&コールド」の技術は日本が開発したものだ。

また、海外では故障している自販機に出会うことも珍しくないが、日本ではほとんどない。

こうした技術力の高さも自販機の普及にひと役買っている理由だ。

点字ブロックに〝点状〟と〝線状〟のものがあるのは？

デコボコのついた黄色の点字ブロックは、目の不自由な人にとっての道しるべである。

しかし、そんな点字ブロックにも種類があることをご存じだろうか。

それが「点状ブロック」と「線状ブロック」だ。文字通り、点が集まってできているのが点状ブロックで、長い線を並べたものが線状ブロックである。

点状ブロックは、一時停止や注意を促すもので、交差点や階段、エレベーターなどの手前にあり、一方の線状ブロックは誘導の方向を示し、道なりに歩けるよう配置されている。

そもそも点字ブロックというのは、財団法人安全交通試験研究センターの登録商標で、正式には「視覚障害者誘導用ブロック」といい、ＪＩＳ規格によってサイズや点、線の配列、デコボコの高さまでも決められている。

ちなみに点状、線状ともに1つのブロックのサイズは30×30センチで、突起の高さは5ミリ、点は5×5センチで計25個を下限とし、線は4本を下限とする。

多くの場所で黄色が採用されているのは、目の見えない人だけではなく、弱視の人にもわかりやすいようにとの配慮だ。

しかし、商業スペースなどでは統一された空間全体の雰囲気を損なわないように と、床の色と同一化させたりしている点字ブロックもある。

「ユニバーサルデザイン」ってどんなデザイン？

最近のショッピングセンターや公共施設などには赤ちゃん連れの人やお年寄り、車イスの人にも使いやすい多目的トイレが設置されている。

トイレに限らず、硬貨の投入口を広くした自動販売機や階段のないノンステップバスなど、最近はちょっとした気遣いが行き届いたデザインが増えている。

このようなデザインを「ユニバーサルデザイン」という。

ユニバーサルというのは「普遍的な」「万人の」という意味であり、「すべての人のためのデザイン」という意味だ。

このデザインの提唱者はアメリカのノースカロライナ州立大学のロナルド・メイス氏で、できるだけ多くの人に使いやすさを提供し、たとえ高齢者や障害を持つ人であっても難なく利用できることを主旨として発案されたものなのだ。

ユニバーサルデザインにはいくつかの原則がある。

たとえば、誰でも使える、使い方が簡単、しかも、少ない力で楽に使える、安全性が高いことなどが挙げられる。

今では、「高齢者用」や「障害者用」のバリアフリー商品（行動の妨げを取り除いた商品）もあるが、これらの中にもユニバーサルデザイン的要素が加味されているのだ。

天気予報で聞く「不快指数」はどうやって算出する？

じめじめした梅雨の時期、朝の情報番組では気象予報士が「今日の不快指数は80です」と笑顔で解説している。

その言葉に「ああ、やっぱり」と思わず納得させられてしまった経験は誰でもあるだろう。

不快指数は1959年（1957年ともいわれる）にアメリカで誕生した。

簡単にいえば、気温と湿度を組み合わせて算出した「蒸し暑さ」を表す指数のことである。

当初は冷暖房の電力の目安にするために考案され、やがて天気予報でも用いられるようになった。

その算出方法はいくつかあり、よく使われるのが「０・８１Ｔ＋０・０１Ｕ（０・９９Ｔ－１４・３）＋４６・３」（Ｔは気温、Ｕは湿度）という計算式だ。

この数式に当てはめると、気温25度で湿度が30パーセントの時、不快指数は70になる。日本人は不快指数が77を超えると２人に１人以上の人が、85以上になるとほぼ全員が不快に感じるといわれている。70はとりあえず「快適」といえるのだ。

逆に、同じ温度でも湿度が90パーセントなら不快指数は76になり、多くの人が蒸し暑さに不快感を覚えるようになるのだ。

なぜ警察と救急は「110番」と「119番」？

警察への通報用電話である１１０番が日本に開設されたのは、戦後まもなくの昭

和23年（1948年）のことだ。GHQの勧告によるものだった。

それは全国8大都市でスタートしたものの、おもしろいことにその通報番号は地域によってバラバラで、東京は最初から110番だったが、大阪や神戸では「110番」、名古屋では「118番」などまったく統一されていなかった。

さすがにそれは不便ということで、日本全国どこにいても警察への通報電話は110番というように決まったのは昭和29年（1954年）になってからだ。しかし、なぜ「123」や「999」ではなく「110」番なのだろうか。

昔のダイヤル式の電話機を思い出してほしい。「1」はすべての番号のなかで一番早く回せる番号だ。緊急性の高い警察への通報という目的から、やはりその所要時間はできるだけ短く、そして覚えやすいことも大切なので、「1」を使うのが合理的というわけだ。

そして、あえて末尾を「0」という最も回す時間がかかる番号にしたのは、まちがいを防いだり、その間に本人のあせっている気持ちを落ち着かせるためだといわれている。

だから最短時間でかけられる「111」ではなく「110」番なのだ。

一方、火事や急病の時にかける119番の制度が始まったのは、110番より古く大正6年（1917年）のことだ。

当時はまだ交換手が電話をつないでくれる時代で、電話口で「火事だ」と叫ぶと交換手が消防署につなぐという段取りだったという。

当時はおそらく地元の消防団や住民たちによる初期消火活動が活発で、消防署と共に火災による被害を最小限に抑える働きをしていたのだろう。

ちなみに、毎年1月10日は「110番の日」で、11月9日が「119番の日」となっている。

両者ともできればお世話になりたくないが、もしものときは慌てず騒がず冷静に対処したいものだ。

応急処置の正しい順番、わかる？

事故や急病などで近くにいた人が意識を失って倒れるという状況は、誰もが遭遇

する可能性のある緊急事態だ。

そういう時は救急車が到着するまでの間、現場に居合わせた人が応急処置を行わなければいけない場合もあるが、応急処置の正しい順番をご存じだろうか。

状況にもよるが、最初にすべきは倒れている相手の意識を確認することだ。

まず、耳元で肩を軽く叩きながら声をかけてみて、それで意識がないようなら大声で叫ぶなどして周囲の人たちに状況を伝えよう。周囲の人の中に、医療関係者や応急処置を学んだことがある人がいるかもしれないからだ。

また、救急車を呼んでもらう、AEDを届けてもらうなどの応援を要請することも忘れてはならない。

続いて、口の中に何か入っていないかを確認して、もし異物があれば掻き出すなどして取り除く。

そのうえで気道を確保して、息をしていることを確認するのだ。

もし、息をしていなければ人工呼吸を行い、脈拍がなければ心臓マッサージをしながら救急車の到着を待つ。

とはいえ、応急処置の技術は実践しないとなかなか身につかない。いざという時のために、消防署などで行われている講習会に参加してみるのもいいだろう。

がん、心臓病、脳卒中…
大病なのになぜ生活習慣病？

生活習慣病といえば、その名のとおり運動不足や喫煙、ストレス、偏食などの生活習慣が原因で発症する病気のことだ。

よく知られている生活習慣病には糖尿病や高血圧、肥満などがあるが、そうした数ある生活習慣病の中でも「三大生活習慣病」といわれるものがある。

それは、「悪性新生物」「心臓病」「脳血管疾患」の3つである。

そして、この3つの病気はそのまま日本人の三大死因でもあるのだが、なぜこのような命にもかかわるような病気を生活習慣病というのだろうか。

まず、最も死亡率の高い悪性新生物、いわゆるがんからみてみよう。

がんは正常な細胞が突然変異でがん細胞になる遺伝子の病気なのだが、その原因の1つに発がん性物質の存在が指摘されている。

そのため、発がん性のある添加物の多い食事や喫煙などを続けることで、発症することもあるという意味では生活習慣病といえるのだ。

また、心臓病と脳血管疾患の大きな原因は動脈硬化だ。これもまた喫煙や偏った食生活などが原因になって起こる。

たかが生活習慣病とあなどって不摂生を続けていると、生死にかかわる事態になるから要注意なのである。

4K、8Kテレビの「K」って何？

家電量販店などでテレビを購入する場合、「４Ｋ」「８Ｋ」というキーワードがあるが、具体的に何を示しているかといえば、画素数だ。

画素とはピクセルとも呼ばれる画像を構成する色の粒の数のことで、１００万画素といえばひとつの画像を１００万個の色の粒で表すことになる。

横×縦の画素数が、３８４０×２１６０で約８００万画素の規格のものを４Ｋ２

Ｋ、または４Ｋと呼んでいる。Ｋは㎞や㎏と同じように使われており、「１０００」を表す。

８Ｋはその４倍の画素数を持つ７６８０×４３２０で約３３００万画素の超高精密画像である。

テレビの場合は４Ｋ、８Ｋといった画素数に加え、液晶か有機ＥＬかというディスプレイの違いなど、さまざまな要素をチェックして選ぶことになるのだ。

スマホのロックを解除する生態認証のしくみとは？

カギをかけたり、パスワードを用いたりするのに代わって急速に広まっているのが生態認証のしくみで、人間の体の特徴を使って本人確認をする究極の方法だ。なかでも、もっとも浸透しているのがスマートフォンやパソコンの生態認証ロックだろう。

生態認証は「バイオメトリクス認証」とも呼ばれ、さまざまな種類がある。指紋認証や顔認証、掌紋認証、静脈認証、音声認証、虹彩認証など、認証する部位によって精度やコスト、必要な装置なども違う。

スマートフォンやパソコンでは指紋認証や顔認証が採用されているものが多いが、コストが安く装置が小型なぶん、精度が低いのが難点だった。

しかし、２０２０年からのコロナ禍でマスク着用が常態となったため、マスクをしたまま顔認証できる機能が搭載されるなど、日進月歩の分野であることは間違いないだろう。

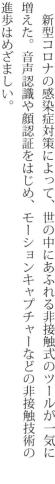

現在大注目の「非接触」技術って何？

新型コロナの感染症対策によって、世の中にあふれる非接触式のツールが一気に増えた。音声認識や顔認証をはじめ、モーションキャプチャーなどの非接触技術の進歩はめざましい。

たとえば、２０２１年１月には日本のメーカーによってタッチパネル式のキーボードに非接触技術を応用して操作できるしくみが発表された。空中に浮かび上がるキーボードに触れることで、それをセンサーが感知する。さっそく、この技術を銀行のＡＴＭなどに導入していく予定だという。

また、既存のディスプレイの前方に３Ｄ検知領域をつくり出して非接触スクリーンに変える技術や、空中に投影されたボタンなどに触れると超音波が発信されて「触覚」を得ることができる技術などが開発されている。

つい最近まではＳＦの中の近未来技術だったものが、まさに今、現実の社会に登場しつつあるのだ。

ワクチンは、なぜ２回打たなければならない？

新型コロナウィルスのワクチンを２回接種するのは、１回だけでは効果が不十分な可能性があるからだ。現在、いくつかの製薬会社のワクチンが用いられているが、いずれも１回だけの接種ではその効果は１００％ではなく、およそ85％から95％の

効果しかないとの研究結果が出ている。

そこで2回目を接種することで、効果をより確実にするのだ。1回目でウィルスを認知し、ある程度の免疫をつけたところで2回目の接種を行い、より完全な効果を出すということになる。

なお、1回目と2回目の間に3週間から4週間の間隔を置くのは、1回目の接種で様子を見て、その効果を確実にするためである。

また、麻疹や風疹のワクチンなど、ほかにも2回接種が行われるものがある。これらもやはり、2回接種することで免疫を強固にしているのである。

コンセントの穴、右と左の大きさが違うのは？

海外旅行の必携アイテムといえば電源用の変換プラグだ。

電圧やコンセントの形状が異なる外国では、これがなければ日本から持ってきた電化製品を使うことはできない。

そこで改めて日本のコンセントを見てみると、穴は横に並んで2つある。ではなぜ、2つなのかご存じだろうか。

よく観察するとわかるが、この2つの穴は縦の大きさが微妙に異なっている。左が9ミリメートル、右が7ミリメートルと、左の穴のほうがほんの少しだけ長いのだ。

そもそも電気は発電所で生まれ、送電線を通って家庭のコンセントまで運ばれてくるが、コンセントの穴が2つあるのは、一方が電気を出すためのもの（ホット）で、もう一方が電気を帰すためのもの（コールド）という役割があるからだ。

左の長いほうの穴は大地につながっているため、「アース」と呼ばれることもある。アースは、もし間違って家庭に高圧電流が流れてしまった場合に大地へ逃す働きをしているのだ。

だからといって、プラグをコンセントに挿入する時はどちらにどう挿せばいいのか悩む必要はない。

どちらでもちゃんと電化製品は動いてくれるから大丈夫だ。

常識その5　マナー

ＳＮＳの使い方をめぐる“世代間ギャップ”とは？

An Encyclopedia
of Common Sense
Adults Need to Know

取引先と自分の上司、どちらから先に紹介すべき？

取引先と自分の上司を引き合わせるなど、自分が初対面同士の仲介役をする場合、「いったい誰から紹介すればいいのだろう？」と、迷ってしまったことはないだろうか。

原則としては、社内、身内、目下というような、自分に近い存在や立場が下の者から紹介していくことだ。

たとえば、自分の上司と取引先の人物が会う場合は、まず紹介するのは上司のほうである。

「こちらは、弊社の営業部長の○○です」と伝えてから、「こちらは、いつもお世話になっているA社の営業部長の○○様です」と先方を紹介する。

社内では上司を「○○部長」と呼んでいても、他人に紹介する時には「部長の○○」という言い方にしなければならない。

また、いきなり紹介を始めるのではなく、両者の間に立って「ご紹介します」と、ひと言断ってからのほうがスマートである。「こちらは」と言う時には、手のひらを上に向けて、その人物を示すようにしよう。

ちなみに、先方を紹介する時は役職と名前を伝えるだけよりも、「○○の企画でご協力いただいた」などとひと言添えるといい。ちょっとしたプロフィールをつけ加えるとその人物を知る手がかりになって親切である。

エレベーターに先に乗るのは、客？　それとも自分？

来客への対応というのは、ビジネスシーンではけっこう重要なポイントだ。きちんとした対応がとれれば相手に好印象を与えることができるが、ちょっとでもミスをしようものならば一気に評価が下がってしまう恐れもある。

たとえば、応接室などへ案内する場合なら、ドアを開けて「どうぞ」と客を先に通すのが常識だ。

しかし、一緒にエレベーターに乗る時には、自分が先に乗るべきか、それとも客を優先すべきなのかどちらだろう。

原則的には客が優先されるので、自分はエレベーターの外に立って、ドアが閉まらないように外側にあるボタンを押しながら客を先に乗せる場合が多いだろう。

だが、それよりもまず自分が先に乗り込んでエレベータ内の操作ボタンの前に立ち、あとから客を乗せるほうが理想的なのだ。

先にエレベーターに乗る時は、「お先に失礼します」というひと言を忘れないようにすることも大切だ。

さらに、客にお尻を向けてしまわないよう、操作ボタンに対してはやや斜めに立つほうが望ましい。

ただし、これはエレベーターの中が無人だった場合の対応で、すでに人が乗っていたらドアを押さえて「どうぞ」と、客を先に乗せること。

その後、自分も乗り込み、操作ボタンの前に立つ。ボタンを操作するのはあくまでも目下の者の役目なのである。

また、来客が帰る時にエレベーターまで見送りするのであれば、出迎えの時と同じようにドアの開閉に気をつけるのはもちろんのこと、ドアが完全に閉まるまでおじぎを続ける。

ドアのすき間から、きびすを返すところを見られては減点である。

ちなみに、エレベーターの中にも席次がある。

入口から見て左奥が一番上位の位置で、右奥、右前、左前といった順になる。

操作ボタンが両側についているエレベーターでは、案内役は左側のボタン前に立とう。

相手から先に名刺を差し出されたら、どうすべき？

初対面の相手とは、まず名刺交換をするところからビジネスが始まる。小さな紙切れ1枚だからといって侮ってはいけない。その扱い方には十分な注意が必要だ。
まず、名刺は訪問者や目下の者から先に渡すのが基本である。きちんと立ち上がって自分の会社名と氏名を名乗り、胸の高さで名刺を差し出す。この時、名刺には

両手を添えるようにしたい。

テーブル越しに名刺を渡すのは失礼なので、テーブルを回り込んで渡すようにする。もし、相手から先に名刺を差し出されたら、「申し遅れました」「ご挨拶が遅れて申し訳ありません」と、ひと言添える。

また、相手の名刺を受け取る時も必ず両手を添え、「頂戴いたします」といって受け取る。社名や名前が読めない場合には、「恐れ入りますが、お名前は何とお読みすればよろしいですか」と丁寧に確認しよう。

ただ、実際には名刺は同時に交換することが多い。その際は右手で自分の名刺を差し出し、相手が受け取ってから、両手を添えて先方の名刺を受け取る。

また相手が複数いる時には、役職の高い順に名刺を渡し、受け取った名刺は役職順に上から重ねて持とう。

こちらが複数いるなら、役職の高い者から名刺交換をすることになる。

名刺交換では、相手の名刺は絶対に落とさないように気をつけることはもちろんだが、万が一、自分の名刺を落としてしまったら、そのまま渡してはならない。

まず、「失礼しました」と謝り、必ず新しい名刺を差し出す。また、名刺を財布や定期入れから出すのはタブーだ。きちんと名刺入れに入れて持ち歩こう。

さて、名刺交換が終われば打ち合わせということになるが、この時すぐに相手の名刺をしまわずに、名刺入れの上に置いておくと「礼儀正しい人」だと思われるはずだ。

なお、もしうっかり名刺を忘れてしまったという場合は、正直に「忘れてしまいました」とは言わずに「あいにく切らしておりまして」と謝罪しよう。そして、会社に戻ったらすぐに詫び状を添えて名刺を郵送するのが大人の対応である。

“席次”は「社内のトイレ」にもあるって知ってた？

会社のトイレは社員や来客など多くの人が利用するので、汚さないように使うのは大人としての最低限のマナーだ。

また、トイレで長々と立ち話をするのもいただけない。他の利用者の迷惑になるのはもちろん、個室には誰が入っているかわからないからだ。

うっかり口にした上司や他の社員の噂話や悪口が、あとで大問題に発展することもある。

また、女性用と違って男性用トイレはほとんどがオープンスペースといってもいい。

用を足している時に上司が入ってきたりしたら、「この状態で挨拶するのは気が引けるし、かといって無視するのも失礼だし……」と焦ってしまうこともあるだろう。トイレでの対応というのは意外と難しいものなのだ。

ところで、このトイレにも〝席次〟があるという説がある。一番奥まったトイレが上座で、入口に近いところが下座というのだ。

たしかに、入口や洗面台に近い場所は人の出入りが多いため、落ち着かない。それに比べて奥のほうを使えば、他人の目を気にしないでゆっくりと用が足せるというわけだ。

したがって、あとから上司が入ってきてもいいように若手社員はあまり奥のほうのトイレを使わないほうがいいだろう。

もし外出中の担当者の携帯番号を聞かれたら？

緊急な用事があって、社内の担当者に電話をかけてきた人がいたとしよう。

「Aはただいま外出しております」と伝えたところ、「すぐに連絡を取りたいので、Aさんの携帯電話の番号を教えてもらえますか？」と聞かれたとしたら、あなたはどうこたえるだろうか。

急を要している相手に対しては、番号を教えてあげたほうが親切な対応に思えるかもしれないが、個人が所有している携帯電話の番号は基本的には教えないのがルールである。

仕事でも使用しているとはいえ、携帯電話は個人のものであることが多い。

そんな電話の番号を、いくら一緒に仕事をしている相手とはいえ、自分の勝手な判断で教えるのは問題がある。

こういうときは、まず「大変申し訳ございません」と丁重に断る。

さらに、「取り急ぎ、こちらからAに連絡を取り、本人から直接ご連絡を差し上げますがよろしいでしょうか」とするのが最良の対応だ。

ただし、会社から支給されている携帯電話を使っている場合や、名刺に印刷されている番号は別である。

ビジネス向けにオープンにされているものなので、必要に応じて相手に伝えても差し支えない。

電話が途中で切れてしまった時の3つのマナーって?

電話で話している時に、思いがけず通話が途中で切れてしまった場合は、3つの対処法がある。

①立場が下の人からかけ直す。
②誤って通話を切ってしまった人からかけ直す。
③最初にかけた人からかけ直す。

なかでも新入社員や若手社員の場合、第一に覚えていてほしいのは立場が下の人からかけ直すというマナーだ。

新人のうちであれば、電話の相手はたいてい自分よりも立場が上になる。つまり、相手の電話番号を知らない場合を除いて、常にこちらからかけ直すという姿勢でいれば間違いはないということだ。

電話をかけ直す時には、まず「先ほどは途中で電話が切れてしまい、失礼いたしました」とお詫びの言葉を述べてから本題に戻ろう。

相手に原因があって電話が切れてしまった時でも、このひと言があったほうが心遣いが伝わる。

仮に、相手の電話番号を知らずにかけ直せなかった場合は、再び電話をもらった時に「こちらからかけ直すことができず、失礼いたしました」と丁重につけ加えるといい。

こちらの対応しだいでアクシデントも好印象を与えるチャンスに変えることができるのだ。

取り次ぐ相手が不在の時の電話のお作法とは？

電話を取り次ぐ相手が不在の時の対応はそのときの状況によっても変わってくるが、次のステップを踏めばまず失敗することはない。

まず、電話がかかってきたら、「申し訳ありません。ただいま、Aは席を外しておりまして」と、担当者が不在であることを告げる。このとき、不在の理由については詳しく告げる必要はない。

ただし、担当者が外出中や会議中、あるいは退社後、休暇中など、長時間戻らない場合だったり、連絡がとれにくい状況にあるときはその旨をきちんと伝えよう。そのほうが、電話をかけてきた相手もこのあとどう対処すればいいのか判断しやすくなるからだ。

たとえば、「ただいま会議中で、17時には終わる予定です」とか、「ただいま外出中で、本日は戻らない予定です」など、戻る時間や状況を丁寧に伝えるといい。

そのうえで、「折り返しご連絡を差し上げましょうか」と伺いを立てて、どう対応すればいいのか判断を相手に委ねる。「再びかけ直します」とか「伝言をお願いします」などと返答をしてくれるはずだ。

あとはその内容をメモして、かけてきた人の名前や連絡先とともに復唱し、最後に「私、〇〇が承りました」と自分の名前を告げればいい。

「ビジネスチャット」をめぐる新マナーとは？

ビジネスメールを送る時は相手の会社名や肩書、名前を書いて「いつもお世話になっております」と書き出すのが定番だが、ビジネスチャットではそんな堅苦しいあいさつ文は必要ない。

チャットに求められているのは即時性だ。ひとつのスレッドに複数人でやりとりすることも多いので、メールのような丁寧な文章を考えていると完全に会話に乗り遅れてしまう。できるだけ文面は完結なほうが望ましいのだ。

とはいえ、言葉遣いだけは丁寧なほうがいい。たとえば、「了解です」よりも「かしこまりました」とか、「わかりました」ではなく「承知いたしました」「どうぞよろしくお願いいたします」というように丁寧な日本語を使いたい。

簡単なリモート会議のようにもなるツールなので、テンポよくコミュニケーションが図れるように〝言葉は短く丁寧に〟を心掛けたい。

スクショ機能はどういう使い方がベストなの？

Ｗｅｂ記事や、ネットショップなどの情報を誰かと共有するときは、ＵＲＬをコピーして送るなどの方法が一般的だ。しかし、スマホネイティブといわれる中高生を中心とする若者世代は、ＵＲＬではなく、画面のスクリーンショットを共有するのだという。

その理由の一つとして大きいのが、データの通信量の問題がある。シェアしたＵＲＬをタップしたら当然のことながらデータ通信をすることになる。

とくに中高生は、一定の通信量を超えると通信制限が生じる契約をしている人が多く、URLにアクセスすれば、その残量を減らしてしまうのだ。

もし自分が通信量無制限の契約をしていても、送信先のスマホの契約がそうだとは限らない。つまり、スクショを共有することは若者たちにとって相手の状況を考えたネットマナーなのである。

目上の人へのメールに「追伸」を使ってはいけない⁉

メールの文章を最後まで書き終わり、いざ署名を入れて送信だというところで、ひとつ書きそびれたことがあったことに気づく。こんな時に便利なのが「追伸」だ。この一言を入れることで、でき上がった文章にもう一文付け足すことができる。

ただ、それが身近な存在の人であればいいが、目上の人や格上の相手へのメールだったらNGだ。追伸がついていると、そんなつもりはなくても書き直すのが面倒だったのかなという印象を与えるからだ。

親しい先輩ならまだしも、取引先へのメールなどに追伸があれば、けっしていい印象にはならない。しかも、手書きの手紙に比べて文の削除や挿入がラクなメールとくればなおさらだ。書きそびれたことがあったら、面倒でも本文を修正するのがマナーだ。

返信不要なメッセージには、リアクションボタンでOK？

フェイスブックのメッセンジャーや、スラックなどチャット機能に必ずといっていいほどついているリアクションボタンだが、仕事相手に使っていいのかどうか迷うところではないだろうか。

いわば絵文字のようなものだから、以前なら失礼に当たると言われかねなかった類のものだが、スピード感を持って当たらなければならない仕事なら使うことをむしろ推奨していることもある。

たとえば、ミーティングの予定を受け取った十数人の社員が、それぞれ「承知しました」「よろしくお願いします」などと返信すると、着信をチェックするだけで仕事の妨げになりかねない。

そんな時には、メッセージを読んだことを知らせるために、サムズアップやハートマークを送ったりするのだ。ただチャットには、それぞれの組織のルールがあるので確認しておきたい。

SNSの使い方をめぐる〝世代間ギャップ〟とは？

今や年齢を問わないコミュニケーションツールとして確立された感のあるSNSだが、そこにはやはり抗えない世代間のギャップがあるようだ。

少し前に「おじさん構文」という言葉が注目されたが、これは独特な句読点、語尾の唐突なカタカナ、絵文字の多用、長い文章など、おじさんのSNSの特徴を揶揄したものだ。当のおじさん達は何がおかしいのか自覚がないだろうが、短い言葉でポンポンとターンを交わす若者からすれば違和感が拭えない。

同じＳＮＳでもデジタルネイティブとそうではない世代では使い方が異なる。前者の若者たちはインスタが主流で、絵文字やスタンプの使用は控えめだ。

一方の後者のおじさん、つまり中年層はツイッターやＬＩＮＥ（メールも）を駆使。絵文字やスタンプでとにかく自分の感情を伝えようとする傾向がある。

とはいえ、こういう流行りものはトレンドが変わるスピードも速い。身もふたもない言い方だが、あまり気にせず好きなようにやり取りするのがいいだろう。

リモート会議の見えない欠点とは？

コロナ渦で一般化したのがリモート会議だ。その合理性はもはや誰もが知るところで、コロナが収束した後もそのまま継続する企業は多いかもしれない。

だが、そこには意外な欠点もある。それは現場感覚が失われることだ。

人間の思考には「速い思考」と「遅い思考」がある。ざっくりいえば前者は直感的で、後者は集中力を必要とする。リモート会議ではこのうちの速い思考が失われやすいとする見方がある。

経験者ならわかるだろうが、画面を通してのやり取りはどうしてもタイムラグが発生する。しかも、うまく間合いがとれず思いついたことを言い出しづらい。順番に作業報告をするような会議ならいいが、激しいディスカッションは成立しにくいのだ。

ビジネスに速い思考は欠かせない。リモート会議に慣れすぎると、野性的な直感やひらめきが衰える危険性もあるので要注意だ。

接待で優先すべき人の順番は？

初めての接待は勝手がわからず落ち着かないものだ。もし、失礼なことをして仕事に支障が出たらどうしよう……などとナーバスになってしまうこともある。

とはいえ、接待だからとあまり堅苦しく考えすぎないほうがいい。基本的には相手へのもてなしの心があれば、大きな失敗はないはずだ。

そのためには、余裕をもってスタートしたい。まず店には約束の時間より早めに到着し、全員で迎えるのがマナーである。

店にも事前に接待であることを伝えておけば、料理の出し方や支払いの面で考慮してくれるだろう。

肝に銘じておきたいのは、接待の間はどんなときでも客が主役だということである。

席次やオーダーの段取りはもちろんのこと、入店から見送りまで最優先すべきは相手だということを覚えておこう。

また、取引先の部長を接待するのに、こちらは課長と平社員などという組み合わせは失礼にあたる。

少なくとも相手と同格か、または格上の立場の人間がもてなすべきだ。

先方に女性社員がいる場合は、立場にかかわらずレディーファーストでもてなすと好感度が高い。

また、翌日には参加者全員にお礼の電話かメールを入れることも忘れないようにしよう。

和室の宴会でのスピーチ、立つべき？　座るべき？

お祝い事や歓送迎会では、宴会が始まると間もなく「ここで、ひと言ご挨拶をお願いします」という流れになり、指名された人物はおもむろに立ち上がって挨拶を始めることになる。

だが、ちょっと待ってほしい。挨拶は立ってするものと思い込みがちだが、宴会が和室で開かれていた場合、これはマナー違反になってしまうのだ。

和室では、自分を相手よりも常に下位に置くことが礼儀だ。ふすまの開け閉めを座って行ったり、正座して挨拶をするのはこういった理由からである。

つまり、ほかの面々が座っているのに自分だけが立ってスピーチしたのでは、相手を見下ろす位置関係になってしまう。和室でのスピーチは、座布団から降りて座ったまま行うというのが正しいやり方なのである。

ただ、大人数だった場合には、座っていると遠くの人にまで声が伝わらないことも考えられる。

その際は立ち上がって、まず「立ったままで失礼します」と、ひと言断ってからスピーチを始めるといいだろう。

この時も、ちゃんと座布団からは降りることが大切である。

和室の礼儀として座布団の上に立つのはタブーなのだ。

日本の礼法の1つ、〝三辞三譲〟とは？

飲食店のレジの前では、「ここは私が払うから」「いいえ、私が」「いいから、いいから」という押し問答のやりとりがよく見られる。
これを彼らの後ろに列ができるまでやられたらたまらないが、じつは作法としてはあながち間違いではない。
日本の礼法には「三辞三譲《さんじさんじょう》」という言葉がある。これは読んで字のごとく「辞退も譲るのも三度までにしておく」という意味だ。たとえば冒頭のやり取りであれば、

3回までは「私が出すわ」と粘ってもいいが、それ以上は遠慮が過ぎるということである。

こんな場面はもちろんビジネスシーンでもあり得る。

取引先の会社の忘年会などに招かれて、座敷の上座を勧められる。そこですかさず「では、失礼して」などと座ってしまうのは、いささか図々しい行為だ。

そんな時は「いえ、けっこうですから」と二度や三度は遠慮して、それでも「どうぞ」と勧めてくれるようなら「ありがとうございます」と受け入れるといいだろう。

何とも面倒だが、この遠慮具合も日本独自の礼儀作法のうちなのである。

お酌をしてもらったお酒、一気に飲み干すべき？

接待の席に酒はつきものだ。差しつ差されつ親交を深めることになるが、こういう場では目上の人から「まあ、一杯」とすすめられることもあるだろう。

そんな時には黙ってお酌をしてもらうのではなく、「お流れ頂戴いたします」というひと言を添えるといい。

「お流れ」とは、目上の人からいただく酒のことだ。そんな言葉をさりげなく使えれば、好感度もアップするに違いない。

もちろん、どんな相手に対しても「ありがとうございます」「恐れ入ります」といったお礼の言葉を添えたいものだ。

そして、お酌をしてもらった酒は、必ず口をつけてから置くようにする。

とはいえ、一気に飲み干すのは避けたいところだ。これでは「もう一杯」と催促しているように見えるからだ。

もし、酒をすすめられた時に自分のグラスや杯にまだ酒が入っていた場合は、ちょっと口をつけてから受けるようにするといい。

また、自分がお酌をしてもらったら、今度は相手にも酒を注いであげる心遣いも忘れないようにしたい。

ただし、酒は基本的には注ぎ足さないほうがいいので、相手にすすめる時にはタイミングを見計らおう。

そもそも食事中、箸をどこに置けばいい？

何人かのグループで居酒屋に行くと、みんなで注文した料理を取り皿に取り分けて食べるのが普通だ。

食べて飲んで、しゃべって、また食べて……。そうしている途中に何度も箸を置くことになるが、このとき箸はどこに置いているだろうか。

無意識のうちに取り皿の上に置いているという人が多いのではないだろうか。

じつは、これは宴席では問題ないが、懐石料理などのようなきちんとした席では、「もういらない」という意味がある「渡し箸」というマナー違反になる。

食器の上に箸を置くと汚れた箸先を人に見せることになるし、料理の上を箸がまたぐという意味でも不作法といわれる。

とはいえ、酒の席では例外とされているので、みんなでワイワイ楽しむ居酒屋などでは、この渡し箸に関してはそこまで気を遣うこともない。

ただし、箸を手に持ったまま人のほうを指したり、「そうそう!」などといいながら箸を振り回したりするのは、たとえ無礼講な席でもやってはならない行為だ。

また、箸を取り皿の上に置くにしても、箸先を向かい側の人の方に向けるのは、相手にとってあまり気持ちのいいものではない。なるべく自分の体の向きと平行になるように横に向けて置くことを心がけたい。

紅茶はソーサーごと持って飲むべき?

湯飲み茶わんを持つ時は、利き手で茶碗を持ち上げて、もう一方の指をそろえて底に添える——。
和のシーンではこれが美しい所作だが、コーヒーカップやティーカップを持つ時に、同じようにして片手をカップの底に添えるのはマナーとして誤りだ。
コーヒーカップやティーカップは片手で持つのが正しく、さらに持ち手を親指と人差し指、中指でつまんで持ち上げるのが品の良い持ち方とされる。いくら安定するからといって、カップの持ち手に指を通して握るように持つのは美しくないのだ。

また、映画やドラマなどを観ていると、ティーカップを口元に持っていく時に、一緒にソーサーを持ちあげるシーンを見かけることがある。

このようにソーサーをカップに添えて持つのは、ソファーの席などに座っていて、テーブルと口元に距離がある場合だけだ。

ダイニングテーブルのように高さのあるテーブルに置いてある場合は、ソーサーは持ち上げない。

もちろん、これらはフォーマルな席でのカップの扱い方であって、カジュアルな席やアウトドアではここまで気を使う必要はない。両手で大きなマグカップを持ち上げても、持ち手に指を通してもマナー違反ではないのだ。

小さなバッグならテーブルの上に置いてもいい？

カフェやレストランでよく見かけるのが、持っていたバッグを平気でテーブルの

上に置く光景だ。

だが、バッグをテーブルの上に置くのはタブーである。

というのは、テーブルは飲食をする場所だからだ。床に置くこともあるバッグをテーブルに乗せるのは衛生面でも問題がある。それがどんなに小さくても、おしゃれなバッグでも周囲は快く思わないのだ。

では、どこに置くかといえば、バッグは右の足元に置くのがマナーである。

どうして右側かといえば、レストランなどでの食事のサービスは基本的に左側から行われるからだ。左側にバッグを置いてしまうと、給仕をする人の邪魔になってしまうのである。

床に置くのに抵抗ある人は、空いている椅子があればその上に置かせてもらってもいいし、イスの下に専用の籠がある場合もある。また、テーブルにバッグを吊るすためのフックも市販されているからそれを持参してもいいだろう。

ビジネスシーンでも打ち合わせをするテーブルにカバンを置いてしまいがちだが、これもやはりNGだ。テーブルの上に置いたほうが資料やノートパソコンなどを取り出しやすいと思うだろうが、それもマナー違反に変わりはないのだ。

手を受け皿のようにして食べたら、なぜいけないの？

料理を器から取り上げて口へと運ぶ……。時間にすればごくわずかだが、けっこう緊張する瞬間ではないだろうか。

途中でポロリと箸からこぼれ落ちたり、ポタポタと汁がたれるのは恥ずかしい。そんな粗相《そそう》をしないために、よく箸の下に手を添えて口元まで運ぶしぐさをする人がいるが、一見、上品に見えるこのしぐさは、じつはマナー違反なのである。

あまりにも日常的に見かける動作なので少々驚いてしまうかもしれないが、器を手に取り、自分の胸元あたりまで持ち上げて食べるのが正しいやり方だ。

とはいえ、何でもかんでも持っていいわけではない。

持ち上げていい器は茶碗、汁椀、小鉢、刺し身の醤油の小皿、揚物などのつけ汁の器などである。逆に持ち上げてはいけない器は、焼き魚や煮魚のほか、刺し身の皿、煮物の大鉢などだ。

大皿から取り分ける料理の場合には、手ではなく、懐紙や紙ナプキンを皿の代わりに使うといいだろう。

かじりかけの食べ物は、皿に戻してもいい？

取引先との接待で老舗の天ぷら屋に出かけ、目の前にはおいしそうな海老が出てきた。

ひと口かじったが、海老が大きすぎて一度では食べきれそうもない。さて、あなたならこの海老をどうするだろうか？

A　かじり切って天つゆの入った器に戻す

B　一度口をつけてしまったのだから、そのままの勢いで食べ切る

じつは、正解はBである。一見、Aのほうが上品そうだが、基本的に和食ではかじりかけを皿に戻すのはマナーに反するのだ。

箸で切れるものならひと口サイズにして口に運べるが、海老のように箸で切るの

が難しい場合はやはりかじるしかないので、一度箸で持ったら、そのまま最後まで食べてしまったほうが望ましいとされるのだ。

では、食べた後のしっぽはどうすればいいのだろうか。

皿の隅に寄せておくか、それとも見苦しくないよう懐紙などに包むかだが、この場合は皿の隅にまとめるのが正解だ。天ぷらに限らず、焼き魚の骨などは皿の上部などにまとめておくのが正しいマナーである。

基本的に出されたものはすべて食べるのが礼儀だが、食べ切れなくてやむを得ず残す場合も、食い散らかしたままにするのではなく、やはり皿の左上などに寄せておこう。

グラスについた口紅は何を使って拭えばいいの？

フランス料理店などで食事をする時、テーブルにはナプキンが美しくセットしてある。

もちろん、衣服が汚れないようにしたり、指や口を拭くために置いてあるものだが、使い方にはマナーがあるので覚えておきたい。

まず注文を終えたら、ナプキンを手に取り膝の上に置く。たまに子どものように首からかける人がいるが〝大人のマナー〟ではないのでやめておこう。

そして、まずワインなどの飲み物がきて軽く乾杯となるが、女性にありがちなのが、この時にグラスに口紅がべったりつけてしまうことだ。これははたから見ても不快な光景である。

そんな時、さっとナプキンで拭き取ればスマートかと思いきや、それはやってはいけない行為だ。指先でそっとぬぐって、その指をナプキンで拭くようにするのが正しいのだ。

ところで、きちんとしたレストランでは、使うのもためらわれるような真っ白なナプキンが用意されている。

そのせいか、ナプキンを使わず、自分のハンカチで汚れを拭いたりする人もいるが、この行為は「店のナプキンが汚い」という意思表示となり、かえってマナー違反となってしまうので気をつけよう。

中国料理の円卓、上座はどこ？

フレンチやイタリアンのレストランが、街の至るところに見られるようになり、西洋料理のマナーにはそれほど戸惑うこともなくなったという人も多い。

しかし、中国料理のマナーとなると、これが意外と知られていなかったりする。

まずは席次だ。中国料理につきものの円卓はどこが上座なのかわかりにくいが、これは通常の席次と同じように入口から一番遠い席が上席となる。

本来、ここから時計回りの席順になるのだが、日本では主賓の両側から席次が下がっていき、入り口に一番近い席が末席になることが多い。

ただし、中国では日本の上座に当たる席にはホスト役が座る。ホストの両脇が主賓の席になるのだ。中国式にするか日本式でいくかは、その時々の状況で異なるだろうが、このような違いがあることは覚えておきたい。

宴席が始まれば、まずは乾杯だ。日本では乾杯は最初の1杯だけだが、中国では何度も乾杯することがある。また、入れ替わり立ち替わりお酌にくる場合もある。これは断らないのが礼儀だ。

「困った。アルコールには弱いのに……」というのなら、最初にそれを伝えてお茶にしておこう。無理に酒を飲んで粗相をしてしまうほうが何倍も失礼に当たるのである。

もし、あなたがホストの側なら、料理は前菜以外は温かいものを選ぶことだ。中国人はもてなしの席での冷たい料理を好まない。

料理は主賓から順次、時計回りに取っていく。この時、テーブルを囲んでいる人全員で取り分けることを考えてやや少なめに取ることを心がけよう。

料理を食べるのは全員に行き渡り、主賓が箸をつけてからだ。2品目以降は取り分けた順に食べていいことになっているが、自分より上座の人が手をつけてからにするといい。

ところで、宴席には手土産を持参することもあるだろう。

同席する中国人がみな同じ会社の人だったとしても、土産はそれぞれに用意したほうがいい。「みなさんでお分けください」という日本式のやり方は、あまり好まれないのだ。

さて、宴会の締めは会計だ。これはホストが持つのが原則だ。招かれたほうが支払う、あるいは割り勘でなどと言い出してはかえって失礼になるので気をつけたい。

もし、あなたが招かれた側なら、その場では気持ちよくご馳走になり、次は相手を招待してご馳走すればいいのだ。

お隣の国とはいっても習慣や礼儀にはいろいろな違いがあるので、マナーを知ってつき合うことが肝心なのである。

立食パーティでは、お皿、グラス、箸…どう持つ？

仕事関係でのレセプションやパーティ、結婚式の二次会などでは立食形式のパーティが開かれることも多い。しかし、テーブルでの食事とは勝手が違うため、立ち居振舞やマナーには少々注意が必要だ。

まず、大きな荷物やバッグはクロークに預けてから入場しよう。持ち込むなら小さめのショルダーバッグがいいが、それは立食パーティでは両手は空けておくほうがいいからだ。

さて、会場にはすでに料理が並んでいるが、まずは飲み物だけをもらって近くにいる人と歓談して過ごすのがマナーだ。

料理を取り分ける際にも、皿に山盛りにするのは見苦しい。食べ残すのはタブーなので、控えめに取り分けるようにしよう。

料理を取ったら、速やかにテーブルから離れよう。皿は人さし指と中指の間に挟み、グラスは親指と人さし指で固定して同じ手に持つのが原則だが、無理に片手で持つ必要はない。

また、食べ終えた皿やグラスは料理のテーブルの上に置いてはいけない。

立食は立って食べるのが基本である。会場の隅にはイスが置いてあっても、それは休憩用なので座って食べるのはよくない。

何よりも立食パーティの目的は人との交流がメインである。「食事は家に帰ってから」くらいの気持ちで臨むようにしたい。

常識その6　お金

金の値段は、誰がどうやって決めている？

An Encyclopedia of Common Sense Adults Need to Know

デザイン一新の新紙幣の最新技術とは？

２０２４年に一新される日本の紙幣。デザイン変更は約20年ごとに行われ、その大きな目的はもちろん偽造防止だが、今回はどんな最新技術が盛り込まれるのか。

渋沢栄一が描かれる１万円札と、津田梅子が描かれる５０００円札には縦長の３Ｄホログラムがつく。肖像が浮き上がって見え、左右から見ても正面の顔が追いかけてくるように見えるもので、北里柴三郎が描かれる１０００円札にも小型のホログラムが採用される。

真ん中の透かしの部分は、偽造目的のカラーコピー機対策として新たに特殊発光インキとマイクロ文字が用いられ、これまでより精度の高い図柄が入る予定だ。

ほかにも肖像画の面積が１．３倍になったり、額面を表すアラビア数字が大きくなるなど変更点は多い。

実際はどんなものなのか、それは登場してからのお楽しみだ。

「老後には２０００万円必要」は、コロナ禍でどう変わった？

２０１９年、金融庁の金融審査会が突如発表した「老後は２０００万円が必要」という報告は、老後を控えた世代のみならず、若年層をも震え上がらせた。だが、その後新型コロナが直撃しているが、何か影響はあったのだろうか。

老後２０００万円問題の根拠は、２０１７年の高齢夫婦無職世帯の家計収支の不足分から割り出したものだ。そこで、この基準をコロナ渦の２０２０年にして同じ計算式をあてはめたところ、なんと55万円という数字になるのだという。

そもそも２０００万円という数字自体が誤解を招くものだという指摘は以前からあった。実際、個々の貯蓄やライフスタイルを無視し、あくまで計算ではじき出した数字にすぎない。そこへコロナの影響があっただけで、その数値が桁ごと激減したのもその証拠ではないだろうか。

多くの高齢者は、おもに年金と退職金などの預貯金でやりくりできるというわけだが、これもあくまで数字のうえでは、ということだ。

「給与」って、どうやって決められている？

かつては年功序列や勤続年数などを考慮して決めていた会社員の給与だが、現在では能力給や年俸制を導入している企業が目立つようになっている。

しかし、いくら企業が独自に給与の金額を決めているとはいっても、健全な経営を行うためにはある程度の目安となるものが必要になってくる。

その目安の1つになるのが「労働分配率」である。

労働分配率とは、企業が新たに生み出した付加価値の中から人件費として従業員にどれくらい分配したかの割合をいう。

計算式に表すと、「労働分配率（％）＝人件費÷付加価値×100」になる。

付加価値とは、売上高から原材料費や外注費など外部への支払い費用を引いたものだ。

この式に当てはめると、高収益の企業は労働分配率が低くなり、収益の低い会社の場合は高くなる。

業種によって労働分配率の適正値は異なるのだが、だいたい40～60％の間なら問題ないといわれている。

ちなみに、この分配率の数字がそれ以上になると、人件費が経営を圧迫していることになる。

そうなると、給与アップの話どころではなくなってくるのだ。

金の値段は、誰がどうやって決めている？

昔から不況に強いのが「金」である。株などの金融商品は暴落すれば手元に一銭も残らなくなる可能性もあるが、金は必ず手元に残るし、価値がゼロになることはない。
そんな金の価格はどうやって決められているのだろうか。

金市場はロンドン、ニューヨーク、東京、香港、チューリッヒが主要市場だが、なかでも現物の取引量が最も多く、金取引の中心となっているのがロンドン市場である。

このロンドン市場で、世界有数の金融機関などで構成されたフィキシングメンバーといわれる事業者が、ロンドン市場の16時（夏時間15時）に世界中から出された売買注文を集めて値決めをする。ここで決まった価格が、各国で取引される金の世界的な指標となるのだ。

また、金ののべ棒にもブランドがあるが、どのブランドのものを受け渡しするかもロンドン市場に準じるというのが暗黙の了解となっている。

また、次に取引量が多いのが金の先物取引の中心地であるニューヨーク市場で、ここでの価格は時差の関係で次に開く東京市場に大きく影響を与える。

ちなみに、金はUSドル建てで取り引きされるため、円高ドル安では国内金価格は下落し、円安ドル高では値上がりすることになる。

「積立型」か「掛捨て型」か、結局どっちを選べばいい？

保険会社のセールストークでありがちなのが、「預金をしていてもいざというときに保障はありません。でも、保険なら万一のときに保障されます」というものだ。

しかし、貯めたお金は用途を限定せずに使えるが、保険は万一の事態が起きた時にしか使えない。本来はまったくの別物であり、両者を混同して考えるのはよくないだろう。

保険には、保険料は安いが何かが起こらなければ支払われない「掛捨て型」と、何も起きなくても満期になれば払い戻される「積立型」がある。

一見、積立型に入っておけば、預金と保険を兼ねられる気もするが、急にまとまったお金が必要になった時に解約しにくいというデメリットがあり、保険料も高い。

やはり、保険と貯金は切り離して考えて保険料の低い掛捨て型を選ぶほうが賢明ともいえる。

また、まだ若い独身者が高額の死亡保障がついた保険に加入するのもあまり意味がない。

死亡保障は、残された者が日々の暮らしに困らないためのものだ。扶養家族がいないなら、葬式代が出る程度で十分だろう。

保険は一度掛けたらそのままにしておくのではなく、ライフステージごとに保障内容を見直しすることが大切なのだ。

光熱費、通信費…が少しでも安くなる払い方って？

電気、ガス、水道などの水道光熱費をはじめ、家賃や携帯電話、インターネットの利用料など、毎月支払っている固定費は銀行口座からの引き落としを利用している人が多いだろう。

この固定費の支払いで少しでも得したいなら、クレジットカードを使うことをおすすめする。毎月、自動的にカード会社のポイントを手に入れることができるからだ。

クレジットカードの特典の一例を挙げると、貯まったポイントを商品と交換できたり、またキャッシュバックをしてくれるケースがある。

交換できる商品も生活用品や食品から、図書カードやデパートの商品券などの金券までさまざまで、選ぶ楽しみもある。

また、どのカード会社もポイントの交換率はおおむね使用額の5％程度の換算になる。

たとえ月々2〜3万円程度の利用額であっても、年間で考えると数十万円とまとまってくるというわけだ。

また、毎月の支出を管理しようといざ家計簿をつけ始めても、たまったレシートや請求書を管理しきれずに挫折してしまうことはよくある。

だが、クレジットカードでの支払いにしておけば、カード会社からの明細で一括管理できるというメリットもあるのだ。

「利率」と「利回り」、どこがどう違う？

投資を始めてみたいと興味を持っているけれど、そもそも「利率」と「利回り」の違いがよくわからないという人も多いはずである。

まず、利率とは、元本に対して支払われる利子の割合のことである。通常は1年あたりに支払われる「年利」のことをいう場合が多い。

一方、利回りとは利子も含めた年間の収益の投資金額に対する割合のことで、購入した時の割高や割安なども考慮した実質的な収益率を指している。

たとえば、年利1％の国債10万円を購入し、満期まで1年間保有すれば10万1000円になる。これだと収益は1000円で、利回りも1％になる。

だが、国債も含め価格が変動する債権の取引の場合は、額面通りに10万円で購入するとは限らない。

相場が下がった時に9万8000円で購入すれば、満期になった時の実質的な収益は３００円。利回りは約３％になるというわけだ。

つまり、国債が上がると利回りは下がり、国債が下がると利回りは上がる。

利率が債券の募集時にすべての投資家に共通して決まっているのに対し、利回りはいくらで債券を購入し、実際にいくらの利益を出したかによって決まるのである。

「単利」と「複利」、数年後にはどこまで差が出る？

大切な資産を運用するなら、少しでも利息は高いほうがいいに決まっている。

そこで知っておきたいのが、利息のつき方には「単利」と「複利」の２種類があるということだ。

まず、単利とは元本にのみ利息がつく計算方法である。

たとえば、１００万円を年利10％で単利運用した場合、１年目も２年目も３年目も元本は１００万円のままで、毎年10万円の利息がついていく。

３年目には元本と利息を合わせて１３０万円になるわけだ。

一方、複利の場合は元本だけでなく、運用期間中に発生する利息にも利息がつくのである。

１００万円を年利10％で複利運用した場合でみてみると、１年目までは単利運用した場合と同じで10万円の利息がつくのだ。しかし、２年目には利息の10万円も元本に加えられ、元本が１１０万円になって11万円の利息がつくのだ。

同様に３年目には利息が12万円になり、元本と利息を合わせた金額は１３３万円になる。

３年目の時点で、単利と複利の差は３万円にもなるわけで、複利の場合は預け入れ期間が長くなればなるほど元本が増えてお得なのである。

「元利均等」と「元金均等」の違いとは？

マイホームは一世一代の大きな買い物だ。住宅ローンの返済もできるだけお得に

したいと願うのが庶民の心情だろう。

そこで注目したいのが、「元利均等返済」と「元金均等返済」の２つの返済方法である。

まず、元利均等返済とは、元金と利息を毎月一定額ずつ支払う方法だ。これだと当初からの返済額がずっと一定なので返済計画は立てやすい。しかし、残高の減り方が遅く、元金均等返済に比べると返済総額が多くなるのがデメリットである。

一方の元金均等返済は、元金を均等割にした額とその元金の残高に対する利息を合計して毎月支払っていく方法だ。

こちらは、元金の残高が多い返済開始当初は返済額が多くて返すのが大変だが、元金の残高の減りが早いので総返済額は元利均等返済より少なくなる。

たとえば、金利３％の30年返済で３０００万円を借りた場合、最終的な返済額は元金均等返済を選んだほうが約２００万円もトクをするのだ。

元利均等返済を選んでマイホーム購入時の何かとお金のかかる時期の返済額を少なくするか、それとも元金均等返済にして返済総額で得をするか、それぞれの家計状況にあった選択をするといいだろう。

会社が倒産したとき、あなたを救う身近な書類とは？

　転職を経験している人は知っているかもしれないが、今まで働いていた会社を退職してしばらくすると、在籍していた会社の人事部や総務部から「源泉徴収票」と「離職票」が送られてくる。これらの書類は、退職から再就職するときに生じるさまざまな手続きに欠かせない書類だ。

　まず、源泉徴収票にはその年の収入や、自分が支払った所得税額が記入されている。年末調整に使用するため、次の会社で提出を求められるはずだ。

　ただし、年末までに再就職せず自分で確定申告をすることになったときは、この源泉徴収票をもとに還付申告を行い、払いすぎた所得税を取り戻すことになる。

　また、離職票は失業手当の申請に必要なもので、ハローワークに提出する書類である。どちらも大切に保管しておきたい。

　ところが、急な倒産などで職を失った場合は、会社が書類の発行を確実にしてくれるかどうかはわからない。

そんなときには給与明細が役に立つ。1年分の給与明細があれば、還付申告も失業手当の申請も問題なくすることができるからだ。

会社が倒産して突然失業してしまうことなどあまり考えたくはないが、万一のために覚えておくといいだろう。

温泉に入るととられる「入湯税」って何？

温泉旅館やホテルに泊まったあと、請求書に必ず含まれているのが「入湯税」だ。温泉好きにはおなじみの税金だが、いったいどういうものだろうか。
入湯税とは、温泉や鉱泉を使った浴場が存在する市町村における環境衛生施設をはじめとして、温泉の保護管理施設、また消防施設などのほか、観光振興に充てるために設けられているもので、温泉に入った客に対して課せられる目的税のひとつだ。

標準額は1人150円程度と少額だが、市町村によっては増減もできる。温泉旅館だけでなく天然温泉があるスーパー銭湯なども料金に含まれていることがあるが、一般公衆浴場である銭湯は、温泉が湧いていても入湯税は徴収されない。

ちなみに、2020年に発表された入湯税収入額の日本一は神奈川県の箱根町で、その額は6億円を上回るという。温泉地にとってはこのうえなく貴重な税源というわけだ。

最近注目の「墓じまい」にかかるお値段は？

自分の「家」の墓を解体・撤去して更地に戻し、墓地の管理者に使用権を返還することを「墓じまい」という。現実には、墓から取り出した遺骨を新たな供養先に納めるまでが墓じまいとなる。

ここ数年、墓の管理が困難になったり、子孫に負担をかけたくないなどの理由で墓じまいをする人が増えている。

その費用は、墓石の撤去費用と納骨先の費用を合わせて約50万円から100万円ほどが一般的だ。墓の場所や状態、納骨先をどこにするかなどの条件で金額には大きなばらつきがあるが、この費用の中には、閉眼供養や離檀料なども含まれる。

なかには、新しい納骨先として合葬墓や散骨を選ぶことで費用を抑える場合もある。

ただし業者によって費用が大きく変わるので、自分が何を希望するかを明確にして、予算をはっきり決めたうえで複数の業者から見積もりをとることが望ましい。

火葬のみの「直葬」は、葬式の新定番!?

ここ数年でガラリと常識が変わったものといえば、死者への向き合い方だろう。最近は「直葬」という言葉もすっかりおなじみだ。

直葬とは通夜や告別式を省き、納棺後すぐに火葬することだ。もちろんメリットはその費用の安さだが、まず火葬料は、公営ならば自治体で使用料金が定められている。ピンキリだが成人は1万円～3万円といったところだ。ただし、東京などは公営より民営の火葬場が多いため、費用は公営の倍を見込んでおいたほうがいい。

ところで直葬とはいえ、火葬をするまで遺体を安置する安置料やドライアイス代、棺、運搬料、葬儀業者の人件費などは削れない必要経費だ。それらを勘案すると、直葬の費用はおおむね12～20万円程度が目安になる。

これまでの葬儀費用といえば〝三桁〟が常識だったが、有名人やＶＩＰでも家族葬が当たり前になったように、今後はお金をかけて死者を弔うという感覚はどんどん薄れていくはずだ。

常識その7　食

刺身の「盛り合わせ」パックには、なぜ産地表示がない？

An Encyclopedia
of Common Sense
Adults Need to Know

刺身の「盛り合わせ」パックには、なぜ産地表示がない？

魚が大好きな日本人にとって、刺身は食卓に欠かせない一品だ。といっても、魚を一からさばいている家庭は少ないに違いない。ほとんどがお手軽な「盛り合わせ」を購入しているのではないだろうか。

単品の刺身よりも複数の刺身を手軽に味わえるのが人気の理由だが、じつは単品の刺身にあって盛り合わせにないものがある。それが「産地表示」だ。

日本では食品表示に関する法により、生鮮食品には名称と産地を表示することが義務づけられている。

しかし、２種以上の刺身を盛り合わせたものは生鮮食品ではなく「加工食品」というカテゴリーに分類される。

そのため、スーパーなどで売られている盛り合わせには産地表示が明記されていないことが多いのだ。

タコやサーモンなどはほぼ外国産であることはわかっているが、それでもきちんと明示されたほうが安心して買えるというものだろう。

特に近年は、過去に相次いだ産地偽装の問題で消費者の視線がシビアになっていることは否めない。

最近では水産庁は販売側に対し、盛り合わせにも自主的に産地表示をするよう働きかけているようだ。

牛乳の「成分無調整」って何を調整してない？

スーパーなどの乳製品コーナーには、いくつもの種類の牛乳が並んでいる。

そこで気になるのが「成分無調整」という表示だが、これは何を意味しているのだろうか。

ここでいう成分とは、水分や乳脂肪分、ミネラルなどのことだ。これらの一部を取り除き、成分を調整したものは「成分調整牛乳」と呼ばれている。

生乳の成分は牛の種類や個体、季節などで変動がある。たとえば季節でいえば、夏より冬のほうが乳脂肪分が多くなる傾向がみられたりもする。

しかし、牛乳を製品として出荷する場合は「乳脂肪分3パーセント以上」という決まりがあるので、足りない牛乳にはどうしても脂肪分を足して調整する必要がある。

つまり、「成分無調整」というのは、その必要がなかった牛乳を意味しているのだ。

ただし、どちらも「牛乳」と名がついている以上は生乳100パーセントを原料に作られたものに変わりはない。

関東の桜餅と関西の桜餅、形が違うって本当？

関東の桜餅といえば「長命寺桜餅」である。小麦粉の生地を薄く延ばしてからクレープ風に焼き、それで餡《あん》を包んだ和菓子だ。その名が示すように塩漬けにしたサクラの葉が巻いてあり、表面もサクラ色をしていて豊かな香りを放っている。

ところが、関西の桜餅は「道明寺桜餅」と呼ばれ、関東のそれとはまったく別のものなのである。

道明寺桜餅は、もち米をまんじゅうのように丸め、そのなかに餡を入れ、それを塩漬けしたサクラの葉で包んでいる。

どうしてこんな違いがあるかというと、その理由は桜餅が誕生した背景にある。

関東の長命寺桜餅は、長命寺の門番の山本新六が享保2年（1717年）に隅田川の土手に植えられていたサクラの葉を塩漬けにし、それを巻いた餅を寺の前で売ったのが始まりだ。

一方の道明寺桜餅は、その餅の材料となる粗挽きのもち米をつくった道明寺が発祥の地となっている。

この寺は、戦乱の世に非常食としてもち米を蒸して乾燥させる「糒《ほしいい》」をつくっており、それを食べやすくするために粗挽きにしていた。これが道明寺粉といわれ、のちに平和な時代になると和菓子の材料になり、これから桜餅がつくられるようになったのである。

「すだち」と「かぼす」の違いは何？

居酒屋や料理店でなんとなく目にする「すだち」と「かぼす」。緑色をした柑橘類は、見た目にはあまり変わりがないように思えるのだが、その違いはなんだろうか。

じつは、すだちとかぼすを並べてみれば一目瞭然である。すだちの大きさは25〜50グラムほど、かぼすは100〜120グラムほどと、大きさが全然違うのである。実をつける木を見てもまったく違うものだとわかる。かぼすの木には枝に鋭いトゲがあるのだが、すだちにはそれがない。どちらもユズの近縁種であり、強い酸味と香りに特徴がある。そのため果実自体は食用にはされず、レモンのように汁を絞って使用されることが多いのだ。

すだちは、果汁を酢の代わりに使用したことから「酢橘《すだち》」と名づけられたという。これだけでピンとくる人も少なくないだろう。四国で有名なポン酢のつくり方は柑橘系の果汁に醤油などを加えるというものだ。今では広く「柑橘系」とされているが、そもそもの果汁はすだちなのである。

すだちの原木は、徳島県の大麻町（現鳴門《なると》市）にあるとされ、「大麻山の見える所でないとすだちは育たない」とまでいわれていた。そのこともあって栽培範囲はあまり広くない。

また、すだちは日本独特の植物で、大正時代には「シトラス・スダチ・ホート」という学名がつき、「すだち」という名が学名にまで用いられている。

さて、このすだちの香りだが、他の柑橘系には一切含まれないスダチチンとデメトキシスダチチンという香料が発見されている。この、ほかにはない成分がすだち独特の爽やかな香りの元となっているのだ。

一方のかぼすは、昔、その木の周りを飛ぶ蚊などをいぶすために使用されたため、「かいぶし→かぶし→かぼす」という名になったといわれる。

大分県が生産量の9割以上を占め、一部は宮崎県で生産されている。香りだけでなくその成分も注目されており、かぼすに含まれるヘスペリジンが一時話題になった「エコノミークラス症候群」などの血栓症予防に高い効果があるとされており、現在も研究が進められている。

松葉ガニと越前ガニの違いは何？

日本人がよく食べるカニといえば、ケガニ、タラバガニ、ズワイガニだ。見分け方も簡単で、ケガニは全身を短毛で覆われており、タラバガニは体の表面にとがった突起物があり、体も大きい。ズワイガニは、ケガニやタラバガニと比べると表面がつるつるしていて、脚が長い。

しかし日本には、これらのカニ以外に、「越前ガニ」や「松葉ガニ」などと水揚げされる土地の名前で呼ばれるカニもある。どちらも見た目はズワイガニと瓜ふたつ。どこか違いがあるのだろうか。

じつは松葉ガニは、山陰地方でのズワイガニの呼び方で、島根県、鳥取県、兵庫県、京都府産などが該当する。ところが、福井県や石川県の越前地方では、ズワイガニは越前ガニという名前になるのだ。

なお、ズワイガニの味を決めるのは、産地よりも他の要因によるところが大きいという。それはセリの時期や漁師や仲買人によるカニの扱い方などである。カニの保存方法も重要な要因であり、温度の管理や、水槽のサイズも味の良し悪しに大いに関係してくるという。

ちなみにズワイガニはオスの呼び方で、メスはセコガニ、コウバコガニなどと呼ばれており、クモガニ科に属している。

水揚げされた場所によって、また雄雌の違いで名前が違うというのはおもしろい。

胡椒が入っていないのに、なぜ「ゆず胡椒」？

そばやうどん、鍋や焼き肉など、さまざまな料理に合う万能調味料としてすっかり認知度を高めた「柚子胡椒」だが、「胡椒」と名乗りながら胡椒がいっさい入っていないことをご存じだろうか。

じつは、あの辛みの正体は「唐辛子」なのである。

よく見かけるのは、青唐辛子と柚子の青い皮でできた全体に緑がかったもので、九州は大分県日田《ひた》郡天瀬町（現在の日田町）で保存用の香辛料としてつくられたといわれている。

本来ならば、柚子唐辛子となるべき名前だが、柚子胡椒の発祥の地では唐辛子のことを胡椒と呼ぶため、この名前になったようだ。

そもそも胡椒と唐辛子はまったくの別物で、見た目も違えば辛みの傾向もまるで似ていない。

それなのになぜ、唐辛子を胡椒と呼ぶようになったのかというと、一説には九州と中国の関係が大きく影響しているという。

江戸時代、九州は中国との貿易が盛んで、中国から影響を受けていた。

しかし唐辛子は「唐枯らし」と同じ音だったことから、唐（中国）を枯らすとは縁起が悪い、と唐辛子という言葉を忌み嫌い、辛い物つながりで胡椒と呼ぶようになったといわれている。

魚には白ワイン、肉には赤ワインを頼まなきゃ野暮？

フランスのワイン消費率が年々減少しているという。

一方、ワイン人口がグッと増加しているのが日本である。最近では世界的に評価される国産ワインも誕生している。

しかし、レストランで頼むのは敷居が高く感じている人がいるのもたしかだ。

フランスやイタリア料理に合わせて飲むイメージが強いせいか、飲み方にもいろいろルールがあるように思えて純粋に楽しめないというのがその理由だ。

その代表的な例が、魚料理には白ワイン、肉料理には赤ワインが合うというセオリーである。

ワインにさほど詳しくない人でも、これを洋食の常識として覚えているのではないだろうか。

だがじつは、料理によってはその限りではない。というのも、同じ魚や肉料理でも使われるソースや香辛料によって味の印象はガラリと変わるからだ。

たとえば、赤ワイン風味のソースが添えられた魚料理や、白こしょうだけでシンプルに焼かれたステーキなどはセオリー通りのワインではあまり相性はよくない。

それよりも、口当たりの軽い料理には白ワイン、重くしっかりした味の料理には赤ワインというような選び方をすると失敗することはないはずだ。

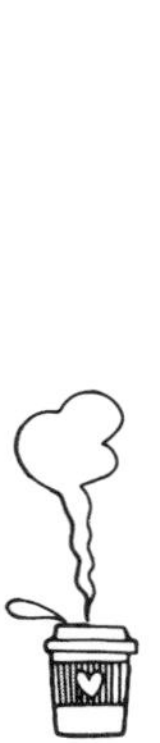

「グリル」「ソテー」「ロースト」の違いを簡単にいうと?

レストランや洋食店でしばしば遭遇する「グリル」「ソテー」「ロースト」という横文字だが、これらは西洋料理での食材の焼き方の名称だ。ところで、それぞれを正確に説明できる人は意外と少ないのではないだろうか。

まずはグリルだが、これは波形の溝のある鉄板や格子状の金網などを用いて、食材をあぶり焼きにする方法だ。

肉に鉄板や網の焼き目をつけながら、外側はカリッと香ばしく、内側は柔らかく仕上げることができる。

続いてソテーは、厚手のフライパンなどにバターやサラダ油を入れ、強火で炒め上げる焼き方だ。フランス語の「sauter（飛び跳ねる）」が語源で、炒める際に油脂や食材が飛び跳ねる様子を表している。

ソテーは短時間で調理するため、食材は柔らかいものや薄くカットしたものを用意する。

そしてローストだが、これは食材を串刺しにして直火にかざしたり、オーブンの放射熱を利用して加熱する焼き方だ。

長時間かけて蒸し焼きにするため、鶏なら丸ごと、牛や豚ならロースなどの塊をそのまま火にかける。

同じ食材でも調理の仕方によって味は異なる。このような違いを知っているだけで、メニューを選ぶ楽しさが増すはずだ。

日光の湯波と京都の湯葉、何が違う？

豆乳を加熱した際に表面にうっすらと張る膜が、〝ゆば〟である。修行僧には、タンパク質が豊富な精進料理の材料として、古くから親しまれてきた食べ物である。日光ではこれを「湯波」と書き、特産品のひとつとして売られている人気商品だ。

ところが、京都ではこれと同じものを「湯葉」と記してみやげ物にしている。なぜこのような違いがあるのだろうか。

日光と京都で原料が違うわけでも加熱の方法が違うわけでもない。じつは、ともにその製法が語源になっているのである。京都は豆乳の表面にできたゆばをそのまま引き上げて、平らなままで食材にするが、日光では引き上げる際に真ん中で一度折り返して二重にするのだ。

すると、京都のそれはまるで〝葉〟のように広がるので湯葉となり、日光のものは折り返すことでゆるやかな〝波〟状となるので湯波となったのである。

京都では1200年ほど前から禅僧たちの間で食べられており、その製法が関東に伝えられたのである。日光で一般の人が口にするのは、1617年に徳川家康を祀った東照宮が建立されてからである。

もともとゆばは豆腐とともに中国から伝わったもので「湯婆」と書き、ゆばに寄っているシワが老婆のシワを思わせるところからついたようである。

夏の甘味「水ようかん」を真冬に食べる県とは?

水ようかんといえば、お中元の定番商品だ。棒状になったようかんよりも水分の多い水ようかんはそのぶん喉ごしがよく、夏に冷蔵庫でよく冷やして食べるものだと一般的には思われている。

だが、日本の一部地域にはそうではないところがある。じつは、福井県では水ようかんは冬に食べるのが常識なのだ。

雪が多くて寒い北陸の地でなぜなのかと疑問に思うところだが、地元の人に聞いてもその理由は「昔からそうだから」としか答えられないのだという。

福井県の人たちが冬のお菓子として水羊羹を食べ出したのは大正時代だ。丁稚奉公に出ていた若者がお正月のおみやげに持って帰ってきたことから、お正月のお菓子として食べられるようになったのが始まりともいわれている。

福井の昔ながらの水ようかんは平たい板状で、つるんとすべるように袋から出てくる。黒砂糖の香りとあっさりとした餡の味が特長だ。

パッケージには雪だるまが描かれているものさえあり、まさに〝冬の味覚〟であることが一目瞭然なのである。

福井の水ようかんの製造期間は11月〜3月末まで。冬場にカニを食べに行った帰りに水ようかんをお土産に買って帰るのが、福井のグルメの旅なのかもしれない。

「わんこそば」は、なぜ小分けにして食べる？

「はい、じゃんじゃん」のかけ声とともに、後ろから投げ入れられるそばを考える間もなくひたすら口にかっこむ。

この岩手名物といえば、いわずと知れた「わんこそば」だ。そばの名所は多いが、こんな食べ方をするのは日本広しといえどここだけだろう。

椀に投げ入れられるのはおよそひと口分で、平均すると男性が50～60杯、女性が40杯前後食べるので、どんぶり3～4杯分のかけそばを食べる計算になる。

であれば、最初から普通のどんぶりで食べればいいと思うのだが、なぜ、わざわざたくさんの椀に小分けにするのだろうか。

一説によると、江戸時代の南部藩27代藩主・南部利直が参勤交代で江戸に上がる途中、花巻に宿をとった時に地元の農民たちがそばを差し出したというものだ。

もともと、岩手においてそばは「お立ちそば」と呼ばれる宴席のごちそうであり、大勢の客に茹でたてを提供するために少量ずつお椀に盛る習慣があった。

このときもひと口大のそばを出したが、それを利直が何度もおかわりしたことが現在の形のルーツだという。

「わんこ」とは土地の方言で「椀」のこと。給仕係が投げ入れるスタイルは、観光客に向けたパフォーマンスとしていつの間にか定着したもののようだ。

カレーはひと晩寝かせたら本当においしくなる？

日本にカレーが上陸したのは幕末の頃だったというが、その後カレーは庶民の味として完全に地位を確立した。

だが、たいていの家庭では、カレーはひとたび作ってしまうと一度では食べきれない大鍋料理の部類に入る。

そのせいか、「カレーはひと晩寝かせるとおいしくなる」といわれたりするが、どうやら時間の経過とともに味が変化するのは本当らしい。

具体的にはひと晩寝かせることで、グルタミン酸などのうま味エキスが引き出され、コクが増すようになる。

そのコクを出すのは、おもにじゃがいもなどから溶け出す野菜からの甘みである。

また、作りたてはスパイスが効きすぎて味が一体化していないが、時間が経つにつれて香辛料も熟成が進んでよりマイルドな味になる。味が変化するのはこうした複合的な原因によるものだ。

よく和風の煮物なども一度作って冷める瞬間に味がしみ込むというが、それに似た現象と考えてもいいだろう。

ただし、鍋に入れたまま常温でひと晩放置しておくと、ウェルシュ菌という細菌が爆発的に増えて食中毒の原因になる。

残ったカレーは小さな容器に入れ替えて冷蔵庫に保存し、翌日はしっかりと火を通してから食べるようにしたい。

大人になると、苦かったコーヒーが旨くなるのは？

ピーマンに春菊、ブラックコーヒー……。子供の頃は苦くて大嫌いだった食べ物が、いつの間にか好物になるのはなぜだろうか。
チンジャオロースは家庭でもおなじみのメニューだし、鍋物に春菊がないのはやっぱり物足りない。コーヒーにいたっては習慣のように飲んでいるという人も多い

だろう。

人間の舌は甘味、塩味、酸味、苦味、そしてうま味の「五味」を感じるようになっている。

なかでも酸味と苦味は、もともとは腐敗や毒物といった危険を感知するシグナルとして機能していた。そのため、人間はこの2つの味を本能的に避けるようになっている。

では、いつからそれを「旨い」と感じるようになるのだろうか。

じつは、人間の味覚を決定づけるもののひとつに、「知識」や「経験」がある。たとえば、人がおいしいと言いながら食べているところを何度も見たり、「この魚のキモがうまいんだよ」などと強くすすめられたりすることで、知識を刷り込まれる。

そして、実際に食べてみて「意外とイケる」「子どもの頃ほどイヤじゃない」ということであれば、あとは食べる回数を積み重ねることでおいしいと思うようになるのだ。

お肉は少し黒ずんだくらいのほうがおいしい？

テレビなどでおいしそうに焼けたステーキを見てしまうと、思わず牛肉を求めてスーパーに走りたくなることはないだろうか。

だが、じつはちょっと奮発して高い肉を買ってきても、買ってきたばかりの肉では本当のステーキのおいしさは味わえない。

よく「腐る寸前が旨い」などといわれるが、肉は絞めた直後は死後硬直を起こし、一定期間硬くなる。その硬直が解けてはじめて肉のうま味が育ち始めるのだ。

たとえば、専門店では数週間も寝かせるのも〝熟成〟のためだ。そうすることで柔らかく、風味豊かな肉になるのである。

これは、筋肉の中にエネルギー源としてストックされていたＡＴＰ（アデノシン三リン酸＝あらゆる生物に普遍的に存在するエネルギー貯蔵物質）が分解されて、うま味成分の１つであるイノシン酸が増えるからだ。

だが、スーパーでは見栄えのために鮮度のいい肉が並べられているが、買ってきたらギリギリまで冷蔵庫で寝かせて熟成させるといいだろう。

少し色が黒ずんできたくらいのもののほうが、味わい深いステーキに仕上がるのである。

熟成することで、同じ肉でも格段においしさがアップすることは間違いない。

「有機栽培」「無農薬栽培」「特別栽培」の違いって？

食の安全に関心の高い人は、無農薬やオーガニックといった言葉に敏感だが、いざ、この類の食品の明確な違いを理解するとなるとなかなか難しい。

まず低農薬や減農薬栽培で作られたものは、農林水産省のガイドラインでは「特別栽培」に分類される。

その基準は、栽培される水田や畑で通常使用される化学合成農薬や化学肥料を5割以上削減して生産することで、米どころなどでは「特別栽培米」の文字とともに地元米が売られていたりする。

ただし、基準は自治体ごとに設定されているため、同じ特別栽培の生産物でも使用されている農薬の量が消費者にはわかりにくいのが難点だ。

また、「無農薬栽培」はその名のとおり、農薬を使わず栽培したもので、化学肥料については問われない。

一方、化学合成農薬や化学肥料などを使わない状態で3年以上経過した田畑で栽培することを「有機栽培」といい、「有機野菜」と名乗ることができる。

有機農産物を栽培している農家は、このルールを守っているかどうかを登録認定機関の検査員に定期的に調査されている。そして、それをクリアしたものだけに「有機ＪＡＳマーク」なるお墨付きが与えられるのだ。

人間の身体になくてはならない「三大栄養素」とは？

体が資本のプロのアスリートは食べることも仕事のうちだ。

そのため、何を食べれば筋肉がつきやすいのか、何と一緒に摂取をすればより効果的かなど、意識の高い選手ほど食品の調理法や組み合わせには細かく気を配っている。だが、当然のことながらアスリートでなくとも食事をとる時は栄養のことを常に考えたほうが体にいいに決まっている。

たとえば、「三大栄養素」をきちんと答えられるだろうか。

正解は「炭水化物」「タンパク質」「脂質」である。

遠い昔に学校で習っているはずだが、おさらいをしておくと、炭水化物は体を動かすために欠かせない栄養素で、タンパク質は骨や筋肉、血液を形成する栄養素、そして脂質は炭水化物よりパワフルなエネルギーの源である。

この3つは人間の体になくてはならない栄養素で、さらにビタミンとミネラルを加えて「五大栄養素」とすることもある。

ダイエットで食事制限をしている人もいるだろうが、これらをバランスよく摂取することは健全な肉体づくりに欠かせないのだ。

食事でとることが難しいなら、サプリメントで補うなどして健康維持に努めるようにしたい。

常識その8　雑学

なぜ日本には、「県」のほかに、「都」「道」「府」がある？

An Encyclopedia
of Common Sense
Adults Need to Know

プロ野球のコミッショナーって いったい何者？

「野球そのものより偉大な人間など1人もいない」と言ったのは、米大リーグ第7代コミッショナーのバートレット・ジアマッティである。

この言葉には、どんなに偉大な野球選手であろうと、野球の歴史を汚すような行為をした選手は追放するという確固たる信念が表われている。

当時、バートレットはシンシナティ・レッズ監督だったにもかかわらず、野球賭博に関わったピート・ローズを野球界から永久追放したのだ。

このようにプロ野球のコミッショナーは絶対的権力を持つ存在だ。コミッショナーが下した裁定、指令、裁決は絶対であり、いかなる理由があっても球団のオーナーや選手も裁定には逆らうことはできない。

コミッショナー制度が発足したきっかけは、1919年のワールドシリーズで発覚した八百長事件だ。

その時、大リーグのオーナーたちがイリノイ州の裁判所判事だったケネソー・M・ランディスに、球界の執行官になってくれるよう要請したことに端を発しているのだ。

コミッショナーが下す裁定は、あくまでも『大リーグ規則』に則っており、そのコミッショナーでさえ大リーグ規則に反すれば処罰を受けることになっている。

「芥川賞」と「直木賞」、どちらが格上？

数ある文学賞の中でも、「芥川賞」と「直木賞」はやはり重みが違う。

どちらの賞も、ともに芥川龍之介と直木三十五《さんじゅうご》という作家の名前からとった文学賞である。

芥川龍之介は、いうまでもなく大正時代に活躍した日本の文豪の1人だ。また直木三十五も同じく大正後期に大衆文学や評論家として活躍した作家で、主な代表作に『南国太平記』や『荒木又右衛門《またえもん》』などがある。

この2人の名前を記念して、新進作家の育成と文学の振興を図るために、作家であり文藝春秋社の社長でもあった菊池寛《かん》が昭和10年（1935年）に創設した。つまり、90年近い歴史を持つ文学賞なのだ。

現在この2つの賞を主催しているのは財団法人・日本文学振興会で、年に2回受賞作を発表しているが、両賞とも権威ある文学賞であることは間違いなく、どちらが格上とは言い難い。

芥川賞、直木賞ともにハードルが高い賞であることは周知のことで、受賞すればすぐさま一流作家としての地位を得られるほどの重みがあるのだ。

選考は上半期と下半期の年に2回あり、上半期は前年の12月～翌年の5月まで、下半期は6月～11月までに発表された作品から候補が決まる。

芥川賞は純文学の短編や中編小説が対象で、基本的に無名作家、あるいは新人作家に贈られる賞である。受賞作は『文藝春秋』に掲載される。

一方、直木賞の対象になっているのは大衆文学（エンターテインメント小説）だ。こちらは作家の知名度は問われないが、中堅作家に授与されることが多い。受賞作が掲載されるのは『オール讀物《よみもの》』だ。

どちらの選考委員も芥川賞もしくは直木賞の受賞者が大半を占める。委員の心に響かなければ受賞作なしということもある。

ところで、近年は「本屋大賞」という文学賞もできた。これは書店員がいちばん売りたい本を選ぶものである。読者の反響も大きく、販売力という点では芥川賞や直木賞をしのぐといわれている。

人類発祥の地がアフリカとされている理由とは？

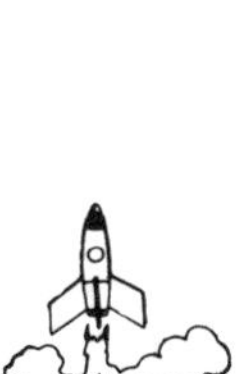

先進国のアメリカでは、ダーウィンの進化論を信じていない人は6割に上るといわれている。それは、人間は神がつくったと信じているキリスト教徒が多いからだ。

しかし、そうはいっても1859年にダーウィンが記した『種の起源』は現代に読み継がれている。

サルから進化した類人猿が現れたのは、今から2300万～2000万年前といわれている。

彼らはアフリカやアジア、ヨーロッパなど各地に住み、その種類も多かった。

その中で、人類の祖先にあたる類人猿はアフリカから誕生したというのが今では通説となっている。その理由は、類人猿がアフリカではじめて直立歩行を始めたと考えられているからだ。

約1000万年前、温暖なアフリカ東部にはさまざまな類人猿が森林で暮らしていたといわれるが、突然起きた大規模な地殻変動の影響で森林が枯れ、草原での生活に移行せざるを得なくなった。そこで、生活の領域を広げるため、2本足で直立歩行するようになっていったという。

直立歩行することで手を有効に使うことができ、しかも道具を使うなどして大脳の発達が促されて今の人類に近い進化を遂げたというわけだ。

「太平洋」と「大西洋」に境目ってあるの？

大海原には線は引けないし、波もあるので陸のようには地図は作りにくいのでは

ないかと思われがちだ。

しかし、じつは海にも陸の地図と同じように「海図」というものがある。

海図は国際水路機関（ＩＨＯ）により作成されているもので、太平洋や大西洋、インド洋という大きな海洋にもその範囲や境界線が一応規定されている。

その海図によれば、太平洋には濠亜《ごうあ》地中海（スンダ列島、フィリピン、ニューギニア、オーストラリアで囲まれる海）やベーリング海、オホーツク海、黄海・東シナ海、日本海までも含まれる。

大西洋はカリブ海、地中海、黒海、バルト海が含まれ、インド洋には紅海やペルシャ湾も含まれているのだ。

つまり、地球の海は大きく3つに分かれていることになる。

その中で太平洋と大西洋の境界線は、南アメリカ大陸最南端のホーン岬から南極大陸に至る西経67度16分になる。

また、大西洋とインド洋の境界線は、アフリカ大陸最南端のアガラス岬から南極大陸に至る東経20度1分となっている。

ちなみに、インド洋は北はベンガル湾からアラビア海、南はオーストラリア西部の海域までだ。海にも明確な線引きがあったのである。

クラシック音楽の定義ってそもそも何？

クラシック音楽といえばバッハやベートーヴェン、モーツァルトという名前がすぐに思い浮かぶ。

彼らは皆、ヨーロッパ出身の優れた作曲家である。

ではなぜ、ヨーロッパには優れたクラシックの作曲家が多いのかというと、その理由はクラシックがヨーロッパで生まれた音楽だからだ。

クラシックの原点は、現代に通じる音程が読み取れる楽譜が誕生した、8世紀から11世紀にかけてのヨーロッパにあるといえるだろう。

当時は主に「グレゴリオ聖歌」と呼ばれるキリスト教の聖歌群がつくられた時期であり、当時の楽譜も多く残っているのだ。

つまり、これらの宗教音楽がクラシック音楽の原点となっているといっても過言ではないのである。

ただし現在、正式にクラシック音楽と呼ばれるものは、楽譜の音符を見れば誰でも演奏できるという記譜法《きふほう》が確立された14世紀から15世紀後半以降の音楽ということになっている。

現代からすればクラシック音楽は〝昔の〟ヨーロッパ音楽だが、現代音楽といわれるものの中からも、いずれクラシック音楽といわれる作品が生まれてくるかもしれない。

西洋絵画の「印象派」と「抽象派」の違いとは？

「印象派」の巨匠といえばモネ、では「抽象派」は？　と聞かれて答えられる人はかなりの絵画通かもしれない。

印象派や抽象派というものが果たしてどんな意味なのか、きちんと理解している日本人は少ないものだ。

印象派という言葉は、１８７４年にモネ、ルノワール、セザンヌ、ドガ、ピサロ、シスレーたちが展覧会を開いた際に、ジャーナリストたちがモネの作品である『印象・日の出』という作品を見て名づけた言葉である。

モネら印象派と呼ばれる作家の作品の特徴は、目で見た自然そのものを描き、けっしてつくり物に見えないように再現しようとするもので、自然の光の描写など、明るい色彩を多用することを好んだ。

一方、抽象派というのは20世紀に入ってから起きた美術的なムーブメントをさす。ピカソやブラック、モンドリアンなど幾何学的なものから抒情的《じょじょうてき》なものまで絵画のタッチはさまざまだが、現実世界の再現描写に固執することなく作家独自の世界観を投影する作品が多く見られるのが特徴だ。

抽象派の作家たちに共通していることは、複雑化する社会背景に対しての不安感を作品の中に投影していることだ。

いずれにせよ、美術作品は理屈ではなく作品を見て感じることが大事なのだ。

宗教画によく描かれている天使っていったい何者？

中世ヨーロッパはキリスト教会の権力が強かったため、聖書をモチーフとした宗教画作品が多い。

そして、その宗教画の中には多くの天使が描かれている。

たとえば、フラ・アンジェリコが描いた『受胎告知』の中にはマリアに処女懐胎を告げる大天使ガブリエルの姿がはっきりと描かれているし、ミケランジェロの『最後の審判』には数多くの天使が描かれている。

では、この天使とはいったいどういう存在なのだろうか。

宗教的にいえば、天使とは神と人間の中間にある存在とされている。神の言葉を人間に伝えることがその役目で、天使は神の御使いとしてキリスト教会では重要な位置にある。

天使にも階級のようなものがあり、ガブリエルやミカエルなど固有名詞を持っている天使は大天使と呼ばれ、かなりの力を持つといわれている。

悪魔の王とされるサタン（ルシファー）ももとは大天使の1人だったが、神に逆らって地獄に落とされた存在なのだ。

ただ、いずれの天使も実際には目に見える存在ではないので、宗教画に描かれている姿は実際の姿というわけではない。あくまでも作家のイメージで描かれたものなのである。

ダヴィンチの『最後の晩餐』、何がどうすごい？

レオナルド・ダヴィンチの『最後の晩餐』といえば誰もが知っている有名な作品だ。

この作品の醸し出す荘厳なイメージは、ある特殊な絵画技法をもとに創り出されている。

ダヴィンチの用いた技法は「遠近法」というもので、絵の中に奥行きを持たせ、キリストを中心に広がりのある空間があるように見せている。

ダヴィンチはこの作品の中で遠近法だけでなく、「明暗法」という技法も取り入れている。

絵の中の遠方は青みを帯びたかすんだ感じに描き、手前にあるほど色彩をはっきり描くという手法をとり、画中空間の奥行きを暗示させようとしているのだ。

しかし、これらの技法はダヴィンチが発明したわけではなく、すでに15世紀のネーデルランド(現在のベルギーとオランダ)の絵画に取り入れられていたものなのだ。

さて、この『最後の晩餐』という作品は1497年にサンタ・マリア・デッレ・グラツィエ修道院の壁画に描かれたものだが、その修道院の食堂には日光の入る高窓があり、じつは絵の中の光源もこの窓の位置と一致させて描いたものだという。

ダヴィンチは天才と呼ばれる人物だが、演出という意味でも才能溢れる画家だったのかもしれない。

標高1メートルと海抜1メートル、どっちが高い？

よく山の高さを表す時には「標高○○メートル」と表示されているが、土地の高さなどを示す場合には「海抜○○メートル」と明記されていることがある。

そこで、この標高と海抜とはどう違い、なぜ使い分けされているのかご存じだろうか。

じつは、標高も海抜も同じような意味合いを持っていて、どちらも海面からの高さを測った数字だ。

ただし、標高のほうは東京湾の平均海面を0メートルとして測った高さで、海抜のほうは近海の海からの高さである。

標高は、1891年に東京湾の平均海面をもとにして定められた「日本水準原点」を基準に測る。この日本水準原点は、東京都千代田区にあり、日本の高低測量の基準となっているのだ。

ちなみに東京湾の平均海面は、１８７３年から６年間かけて隅田川の河口付近で水位を測り平均値を出したという。

この平均海面は日本の基準となっており、それによると日本は東北、北陸、山陰などの日本海側の標高が高く、北海道や東北、関東などの太平洋側は比較的低くなっていることがわかる。

温暖化による海面の上昇や地盤沈下など、環境の変化が著しい現在、平均海面は調査にはなくてはならないものになっている。

なぜ日本には「県」のほかに「都」「道」「府」がある？

「ご出身はどちらですか？」などと聞かれると「東京です」とか「大阪です」と略すことが多いが、必ず「県」「都」「道」「府」という４種の呼び名がつく。なぜ区別されたのかご存じだろうか。

そもそもは、江戸時代の藩を廃した明治４年（１８７１年）の「廃藩置県」にさかのぼる。「府」はこの時点で「県」よりも格上の名称で、明治政府が都市として重要と判断した東京、大阪、京都に「府」という名がつけられた。

そして昭和18年（1943年）には、東京府と東京市（現23区）が合体して「東京都」に改名。現在は単に名称が異なるだけで、「府」「都」と「県」に格差はない。

では、北海道に関してはどうか。じつは「都府県」と歴史的背景が違う。

古くから蝦夷地《えぞち》と呼ばれていた北海道は、江戸政府の支配体制が確立されていない土地だった。

開拓地としての蝦夷地には県に値する土地（藩）がなかったため、次の明治政府はここを内地とは区別して整備し、律令制での行政区分だった「北海道」をそのまま名称として残したのである。

名前の由来ははっきりしていないが、少なくとも「東海道」などと同じ意味の「道」ではないといわれている。

冒頭の質問で北海道が出身の場合「北海です」と「道」を略さないのは、ある意味当たり前なのだ。

日本で最初に初日の出が見られるのはどこ？

クリスマスや年の瀬の過ごし方はどんどん多様化しているが、「元旦は初日の出を拝まなければ1年が始まった気がしない」という人もまだまだいるはずだ。ならば、せっかくの初日の出なのだから、誰よりも早い日の出を拝んでみたいものである。

東から上る太陽をいち早く見るためには、ふつうに考えれば日本で一番東に行けばよい。では、島以外の最東端はどこかといえば北海道の納沙布《のさっぷ》岬《みさき》だ。

しかし実際には、納沙布岬よりも関東最東端の千葉県の犬吠崎《いぬぼうさき》のほうがより日の出が早い。

なぜかというと、元旦頃は地軸の傾きが変化し、太陽は真東ではなく南東方向から上るため、納沙布岬よりも犬吠崎のほうが早く見られるというわけだ。

「じゃあ来年の元旦は犬吠崎で」と思った人の腰を折るようだが、じつは犬吠崎よりもさらに早い場所がある。

それは富士山山頂だ。富士山は犬吠崎より２００キロメートルも西に位置しているが、やはり３７７６メートルの標高はダテじゃない。犬吠崎よりも約４分早く太陽と対面できるのである。

というわけで、日本一早い初日の出を拝みたいなら富士山を目指すのが正解なのだが、残念なことに冬の富士山は登れない。

「江戸前」はどこからどこまでの海をいう?

世界に知られた日本の味の代表といえば、寿司だ。

ところで、「寿司といえば江戸前に限る!」なんて威勢のいい啖呵《たんか》を切る江戸っ子は今でもたまに見かけるが、「江戸前って、いったいどこの海のこと?」と尋ねたら、「うーん、そいつは難問だ」と頭をかかえるにちがいない。

江戸前という言葉はもともと「江戸城の前」という意味であり、羽田沖から江戸川河口周辺の沿岸部を指していた。

しかし、「江戸前の魚」といえば「江戸川河口付近のみ」「東京湾北部」などいろいろな考え方があった。

おまけに、今はこれらの地域では昔ほど漁業は盛んではない。「江戸前の魚」というのはどこでとれた魚を指しているのか、長い間あやふやになっていたが、その疑問にやっと決着がついた。

決着をつけたのは水産庁だ。「江戸前の魚」とは、東京湾全体でとれた新鮮な魚介類を指す。これが2005年8月に水産庁が発表した「江戸前の魚」の定義である。

その南端は三浦半島の剣崎と房総半島の洲崎《すさき》を結ぶ線だ。ということは、内湾と外湾を行き来する魚も「江戸前の魚」の仲間入りということになる。

今までは「江戸前の魚」かどうか曖昧だったアナゴやシャコ、キスなども晴れて江戸前の魚になったわけだ。

東京は江戸時代から世界で屈指の超過密都市だった？

人でごった返す過密都市の東京の朝には、すさまじいものがある。とくにラッシュアワーの電車内は、窒息しそうなほど満員なのが当たり前の光景だ。

ああ、これがもっと昔の東京なら、さぞかし人も少なくて住みやすかっただろうな、などと思ったら大間違いだ。

じつは、江戸時代の〝東京〟も今に変わらず超過密都市だったのである。

どのくらい過密だったかというと、世界の主な都市の過密度と比べてみるとよくわかる。17世紀末のロンドンには約60万人、パリには約50万人がいたとされるが、同じ頃、江戸には100万人以上が住んでいたというのだ。

ロンドンやパリでさえ、人口の抑制策がとられるなど過密化が問題になっていたのに、江戸にはその倍近い人がいたのだから、その過密ぶりは半端ではない。

しかも、ただ人口が多いというだけではない。江戸の土地は武家の住む地域が60

パーセント、寺社所有の土地が20パーセントを占め、50万人を超える町人が残りの20パーセントの土地に押し込められていたというのだ。

町人が多く住んだ下町では、1平方キロメートルあたりの人口密度はなんと6万7000人にもなり、人々は文字どおりひしめきあって暮らしていたのである。

江戸時代に大坂を「上方」と呼んだのはどうして？

現在、鉄道の「上り」と「下り」は東京を中心に考えられている。東京に向かう線が「上り」であり、東京から遠ざかる線が「下り」だ。日本の首都である東京を中心に考えると、全国どこにいても「上り」「下り」が判断できるから便利だ。

ところで江戸時代には、将軍がいる幕府は江戸にあり、江戸が政治の中心だった。ところが当時、大坂や京都を中心とする畿内地方を「上方《かみかた》」と呼んだ。逆に江戸は「下方《したかた》」と呼ばれていた。

たしかに政治権力を握っていたのは将軍だが、日本の中心はあくまでも天皇だった。だから天皇が住む京都および畿内一帯を上のほう、つまり「上方」として敬っていた。そして江戸のことは、へりくだって「下方」といっていたのだ。

「幕府がある江戸ではなくて、天皇のいるこっちが上方だ」とする大坂・京都には、江戸への対抗意識もあって独特の優れた文化が生まれた。

「上方言葉」は、つまり関西弁の原型になった言葉のことで、「上方落語」は関西を舞台にした噺《はなし》、「上方浮世絵」は役者などは描かず、あくまでも人間性のにじみ出る題材と描き方をした独特の芸術だ。

ともかく上方には上方のプライドがあり、つねに「下方」の江戸とは異質な独特な道を歩んできたのである。

誰が、いつ「松島」「天橋立」「宮島」を〝日本三景〟に決めた？

四方を海に囲まれた島国ニッポンは、なんといっても海辺の景勝地が自慢である。

なかでも、松島（宮城県）、天橋立《あまのはしだて》（京都府）、宮島（広島県）の3つの名勝をひとまとめにして「日本三景」と呼んでいるのは承知のとおりだ。

しかし時には「松島よりも我が町の岬のほうが美しい」「宮島より風情のある名所があるのに」などと、不満をもらす人もいるかもしれない。そういう人のために、なぜこの3つが日本三景なのかを説明しよう。

日本三景を選出したのは江戸時代の儒学者、林羅山の三男・林春斎である。彼が寛永20年（1643年）、第3代将軍・徳川家光の時代に記した『日本国事跡考』で、「丹後天橋立、陸奥松島、安芸宮島」を「日本三処奇観」として絶賛したのが始まりといわれている。

『日本国事跡考』は林春斎が日本全国を行脚して綴った書で、この3カ所を日本三景とした明確な理由は定かではない。ただ共通しているのは、海に面している、美しい松林がある、近くに由緒正しい寺社仏閣があるということだ。

数ある名所を見てきた春斎は、その肥えた目でこれらの要素で共通した3カ所をあえて選出したのだろう。いずれにせよこれだけの年月を経て、今もなお風情を保っているのはあっぱれといえるだろう。

「琵琶湖」は世界で3番目に古い淡水湖だって知ってた？

近畿地方でもっとも有名な湖といえば、ご存じ「琵琶湖」である。

滋賀県の６分の１の面積を占める、まるで海かと見まごうその広さは日本最大だ。淡路島よりもやや大きく、周囲の全長は２３５キロメートルにもなる。

だが、この琵琶湖にはもっと世界的な称号がある。じつは日本の琵琶湖は、ロシアのバイカル湖、アフリカのタンガニーカ湖に次ぐ、世界で３番目に古い淡水湖なのだ。

その成り立ちは新生代にあたる４００万年前。最初は現在の三重県上野市のあたりで形成し、その後何度も形を変えながら、約43万年前には今の形になったと考えられている。

こうした湖は「古代湖」と呼ばれ、主に10万年以上の歴史を持つ湖のことを指すが、世界中で古代湖は20カ所ほどあるが、なかでもバイカル湖、タンガニーカ湖、琵琶湖はケタ外れの歴史を持っているわけだ。

もちろん、それだけに琵琶湖水系のみで見られる固有種も多い。とくにビワコオオナマズは国内で最大級の淡水魚で、大きいものでは1～2メートルにもなる。

また、古くから人々の暮らしと密接にかかわりを持ち続けてきたのも、琵琶湖の特徴だ。水質汚染も取り沙汰されているが、古代のような澄んだ水を取り戻してほしいものである。

シジミで有名な宍道湖には海魚がいるって本当？

島根県の東、松江市に隣接する宍道湖《しんじこ》は、日本一のヤマトシジミの生産地として有名だが、宍道湖が有名なのはそれだけではない。淡水と海水がまじる「汽水湖」のため、豊富な魚類が生息していることでも知られている。

宍道湖の右隣の中海《なかうみ》も同じ汽水湖で、このふたつは大橋川でつながっており、さらに右隣は日本海だ。

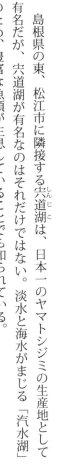

中海は、日本海に開いた湾の入り口が砂州（海側に細長く砂礫《されき》が堆積してできた地形）によってふさがれてできた湖だが、砂州と島根半島の間の境水道で海とつながっている。そのため、中海を通じて宍道湖にも海水が流れ込んでくるのである。

宍道湖で獲れる魚は、淡水魚のコイなどのほか、汽水域でみられるシラウオ、海水魚のスズキなどさまざまである。このうちワカサギ、ウナギ、シジミ、シラウオ、コイ、スズキ、ヨシエビを料理した「宍道湖七珍」は、有名な郷土料理だ。

魚を求めてハクチョウ、ガン、カモなど渡り鳥も飛来する湖だが、最近は湖水の汚濁《おだく》が原因でアオコ（青粉）や赤潮が発生している。

２００５年には中海とともにラムサール条約に登録されたが、長い年月をかけてつくられてきた貴重な自然を後世にもずっと残したいものである。

砂漠地帯でもないのになぜ鳥取に砂丘がある？

乾いた熱砂の海をラクダで進み行くキャラバン。こんな風景が似合う場所は海外

にしかあり得ない……と思ったら大間違いだ。日本にも有名な砂丘がある。
それは鳥取県にある「鳥取大砂丘」だ。東西16キロメートル、南北2・4キロメートル、最大高低差90メートルにもなる文字どおりの大砂丘で、もちろん日本では最大級の規模を誇る。

メインとなるのは近くを流れる千代川の東側河口の「浜坂砂丘」で、実際に自分の足で歩いてみると、その壮大なスケールと稀有な景観に圧倒されてしまうこと必至だ。

それにしても、砂漠地帯でもない日本になぜ、このような砂丘が存在するのだろうか。

鳥取大砂丘は千代川によって運ばれた中国地方の砂と、日本海の沿岸流が運んだ砂が打ち上げられて蓄積したもので、その形成は約10万年前にまでさかのぼる。

地質学的には砂丘は風などによって運搬された砂によって形成された丘なのに対し、砂漠は乾燥した気候のなかにある不毛の地のことだ。

いわずもがな鳥取砂丘は「海岸砂丘」で前者にあたり、中東やアフリカの砂漠とは異なる。当然キャラバンもいなければオアシスもないが、日本でこれほどの大砂丘が見られるのはここだけ。灼熱の砂漠気分を味わいたいなら出かけてみる価値はある。

え？　日本でもっとも長い国道が沖縄に？

沖縄本島で唯一の幹線道路が、地元では「ゴッパチ」の愛称を持つ国道58号線である。那覇から西海岸を通って北部へ抜ける道路で、観光だけでなく地元民のドライブコースとしてもおなじみだ。

だがこの国道は、じつは那覇市が起点ではなく終点なのである。では起点はどこなのかというと、なんと遥か海を越えて鹿児島県の鹿児島市にあるのだ。

しかも鹿児島から種子島、奄美大島区間を経て沖縄本島まで続いており、その総延長は２４４・９キロメートルもある。海上部分も続いていると考えるとこれが約８７９キロメートルにもなり、日本で最も長い国道４号線の７４２キロメートルを優に上回るのである。

国道58号は1972年の沖縄の本土復帰で制定された道路で、それまでは旧琉球政府道1号線、通称〝軍用1号線〟と呼ばれていた。軍用道路とは戦車や航空機などがスピードを出しても耐えうる道路のことで、米国の統治下にあった沖縄の複雑な歴史を物語っている。

鹿児島県内の国道距離はわずか700メートルで、大部分は沖縄を走っている。国道58号はもはや沖縄の代名詞のようなものなのだ。まさか、その起点が鹿児島にあるということは、沖縄県民でさえ知らないかもしれない。

秋葉原のような電気街は世界にはないって本当？

東京都の秋葉原といえば、今や世界の注目を集めるサブカルチャーの発信地としても有名だ。

じつは、こうした電気の専門街があるのは世界でも日本だけだ。

そのため秋葉原の知名度は日本以上に海外に知られており、東京を訪れる外国人旅行客にとっては以前からお土産購入スポットとして人気があった。

それが最近では、有名ミュージシャンや俳優など各国のＶＩＰも必ず立ち寄る「世界の電気街」として名をはせているのだ。

店舗数は５００以上にものぼり「アキバ系」なる言葉も市民権を得て、情報家電のメッカとしてその確固たる地位を築いた。

また関西では、大阪の日本橋電気街もかなりの規模を誇っており、店舗数は２００を超えている。こちらも秋葉原ほどではないにせよ、西日本では屈指の専門街として多くの人が訪れている。

諸外国にも電気店が密集している通りはないことはないが、店舗数が少ないうえ、なんといっても品揃えでは日本に太刀打ちできない。さらに品質まで求めれば、やはり日本の電化製品は世界トップレベルなのである。

現在、秋葉原は〝オタクの聖地〟として世界中から注目され、マルチメディアタウンとしてさらなる飛躍を目指している。

「チャイナ」といえば陶器、では「ジャパン」といえば？

「チャイナ」といえば、独特の乳白色が美しい陶器のことだ。さまざまな陶器のなかでも、牛骨を化学処理してできるリン酸カルシウムと長石とが主成分となっており、世界中に知られている。

「チャイナ」といっても中国産とは限らない。その土が手に入れば世界中どこででもつくることができる。もちろん日本製の「チャイナ」もあるが、中国製に優れたものが多いことから「チャイナ」という言い方が通用するようになった。

同じように、「ジャパン」という言葉で表現される優れた工芸品が日本にある。それは漆器だ。漆器は木や竹などに漆の木からとれる樹液を塗ってつくられる工芸品で、日本以外でも朝鮮半島や東アジアの一部の国々でつくられている。

漆器の質の良し悪しを決めるのは漆の木の質だが、それが最良なのは日本のものである。そのために、日本製の漆器は「ジャパン」と呼ばれるようになった。

もともとは中国で生まれた漆器だが、日本では縄文時代の遺跡から漆器が出土しており、歴史はかなり古い。また、587年にはすでに専門の漆器職人がいたことが『日本書紀』に記されている。

それだけの歴史があり、しかも優れた原料に恵まれているために「ジャパン」といえば、日本製の漆器をさすようになった。

日本語人口って、世界で何番目に多い？

世界の共通語は何かと聞かれれば真っ先に「英語」と答える人は多いだろう。英語さえ話せれば、世界中どこにいっても日常会話には困らないというイメージがある。だからというわけではないが、世界中で最も多くの人に話されているのは英語だと思われがちだが、じつは違う。
世界で最も多くの人に話されている言葉は北京語だ。その北京語の人口は9億人以上といわれている。世界の人口は約79億人だから9人にひとりは北京語を話すこ

とになる。中国の人口は14億人以上、これは納得できる数字だ。

一方の英語はというと、北京語についで2位である。数でいえば、5億人程度と意外と少ない。以下、スペイン語、ヒンディー語、アラビア語と続く。

では日本語はどうか。日本は世界のなかでは小さな島国だ。中国語や英語を話す人は世界中どこにでもいるが、日本語を話す人の大部分はこの小さな島国のなかにいる。そう考えると、日本語を話す人の数はかなり少ないように思える。

ところが意外にも、日本語を話す人の数は、世界で9位である。

たしかに国土は狭いが人口は1億２０００万人で世界9位。その国民のほとんどすべてが日本語を話すので、日本語を話す人の数も9位ということになるのだ。

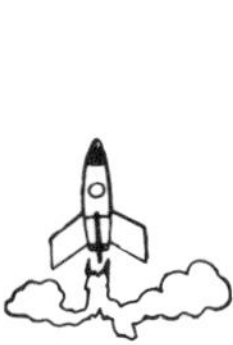

国立公園と国定公園の違いって？

何でも肩書きがつけばいいというものではないが、やはり国が認可しているものはお墨つきという感じがして悪い気はしない。

たとえば、たまの休日ドライブで郊外へ出かけても「ここから先は○○国立公園です」などと看板に書かれていると、レジャー気分もひときわ増すというものだ。

ところで、公園のなかには「国立公園」と「国定公園」の2種類があるが、この違いをきちんと把握している人はあまり多くないだろう。

まずどちらも、自然公園法に基づく「自然公園制度」のなかの区分である。国立公園は我が国を代表する自然景勝地であり、国定公園はそれに準ずるものとされている。

何よりも決定的に違うのはその管理システムだ。いずれも指定するのは国であるが、管理については「国立公園＝国」「国定公園＝都道府県」となるのである。

ちなみに、ほかにも都道府県立自然公園というものがあり、これは指定も管理も都道府県が行っている。

現在、国立公園は富士箱根伊豆、伊勢志摩、瀬戸内海など34カ所、国定公園は蔵《ざ》王《おう》、能登半島、奄美群島など57カ所、都道府県立自然公園は311カ所ある。

全部を制覇するのはなかなか難しいが、いずれも国や都道府県が定めるお墨つきばかり。ひとつでも多く訪ねてみたいものだ。

常識その9　しきたり

神社での正しい参拝の仕方がいえますか？

An Encyclopedia of Common Sense Adults Need to Know

神社での正しい参拝の仕方がいえますか？

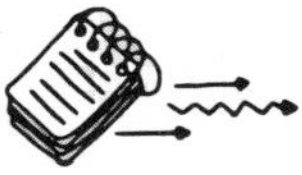

チャリーン、ガランガラン、パンパン！

神社へのお参りに効果音をつけるとしたら、こんな感じだろうか。

だが、正しい参拝のしかたでお参りすると、聞こえてくる音ももう少し丁寧なものになる。

神社といえば、年に一度、初詣だけお参りするという人は多いと思うが、結婚して子どもが生まれると訪れる機会が意外と増えてくる。子どもの成長を祝うお宮参りや七五三などがそれだ。

そんな時、正しい参拝のしかたを知っていれば、大人としてかなり上級といえるだろう。

参拝の基本は「二拝　二拍手　一拝」だ。

神殿の前に立ったら、まず軽く鈴を鳴らし、深く2回お辞儀をする。次に2回拍手をし、手を合わせて祈る。

そして最後にもう一度、深く丁寧にお辞儀をする、というのが正しい参拝方法である。

さらに、神殿に向かってまっすぐ伸びている参道の中心は、神様の通り道だから避けて通る。

手水《ちょうず》を取る時は、柄杓《ひしゃく》の水で左右の手を清めたあと、左手に溜めた水で軽く口をすすぐといった作法もあわせて知っておけば、一目置かれること間違いないだろう。

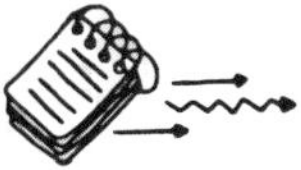

日本の神社ではなぜ火を使う行事が多い？

今でも東京の下町などでは、冬になると町内会の人たちがそろいの法被《はっぴ》を着て「火の用心」と叫びながら練り歩く姿が見られ、どこか懐かしい感じがする。

ところで、日本の神社信仰には火に関するものが多いが、これは火の威力によって悪霊が祓われるとされているからである。

いわゆる浄化のための火祭りで、神社信仰から修験道の信仰になると護摩焚き、火渡りというように展開した。それに加えて、「火を共同に持つことは魂を共通させる」という信仰もできあがった。

京都祇園八坂神社のおけら祭りや、奈良県桜井市にある大神神社の繞道祭《にょうどうさい》は聖火の分火信仰である。ひとつの聖火を分けることが、共同体や血縁の象徴となったのだ。

分けた火を持ち帰って灯りや煮炊きに使えば、家が浄化されるだけでなく、村社会の共同体意識を確認することにもなる。

やがてこうした火を献火することが習慣となり、神仏の前の灯明となった。

しかし、焼き畑農業の火はいっとき生産をもたらすものの、放置すれば何も生み出さなくなってしまう。それは扱い方を誤ると、すべてを焼き尽くして失ってしまう危険が伴うことを意味している。

農耕民族である日本人は、実際に火が持つ威力に畏敬の念を抱きつつ、同時にそれを神として敬っていたのだ。

祝い事は「紅白」、弔事は「白黒」は日本だけ？

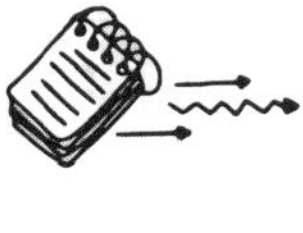

結婚式や正月などのめでたいときには紅白、葬式には黒と白、というのは日本人にとってはあまりにも当たり前の配色だ。この紅白あるいは黒白の2色が、祝い事と弔事を表すのは日本独自のことのようである。

我が国では、白は清浄な神の世界の色として最高の格づけがされている。そのため、祝い事にも弔事にもふさわしいとされる。

そこで、祝い事と弔事を区別する意味で、他の色と組み合わせなければならなくなったわけだが、なぜ祝い事は赤なのか。

これには中国が本家である陰陽説が深く関わっているらしい。

中国では赤は陽とされ、婚礼や誕生祝いなどの祝い事を「ホンジー（紅事）」という。日本において陽はすなわち吉とされ、めでたい色として扱われているのだ。

一方、弔事の黒は、欧米に倣って取り入れた。我が国における喪の色は、古くは薄墨色だったのだが、それが黒に変わったのは、文明開化の風潮により洋服が流行し始めてからである。

黒は欧米に代表されるキリスト教圏内では、暗黒の煉獄《れんごく》を象徴することから喪の色となり、開化後の日本でも弔事に取り入れられるようになったのだ。

これらを白と組み合わせることによって日本独自のしきたりができたのだ。

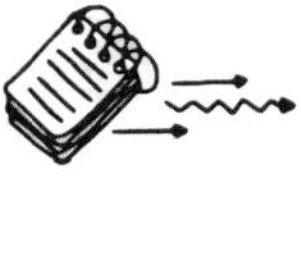

三本締め、一本締め、一丁締め…どう使い分ける？

宴会や会合などが終わった時、「手締め」と呼ばれる拍手を行うことがある。「お手を拝借！」といった掛け声に合わせて何気なくやっていることだが、古くは『古事記』にその由来らしき表現が登場する由緒正しい動作なのだ。

『古事記』の中に、大国主命《おおくにぬしのみこと》が国譲りを行う際に「柏手を打って国譲りを承諾した」という記述が出てくる。ここでは、承諾の意味を持つ柏手だが、それが転じて「物事をうまくまとめて手を打つ」という手締めになったという説がある。

手締めには、「三本締め」「一本締め」「一丁締め」の3種類がある。

一番正式なものは三本締めで、3回、3回、3回、1回と手を叩くことを3セット行うものだ。これには、3＋3＋3で9つまり九だが、そのままでは「苦」につながる。そこで一を足して「丸」にして、「丸く収まりました」という意味づけをしたという。

一本締めは、3回、3回、3回、1回の拍手を1セットだけ行う。宴会の中締めや、会社内での内々の集まりなどで使う少しカジュアルなスタイルだ。

一丁締めは、「いよー、ポン！」と1回だけ打つ簡略化されたやり方だ。この一丁締めのことを一本締めと表現する場合も多く、音頭を取る場合は拍手は3回、3回、3回、1回の10回なのか、1回だけなのかを伝えるとわかりやすいだろう。

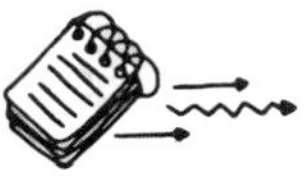

お正月に「門松」を立てるのはなぜ？

正月になると家にも神が降臨してくるなどというとバカにされそうだが、正月とは元来そういうものなのである。

農耕民族である日本の正月は、もともと「年神様《としがみ》」のお祭りだった。

年神様というのは、新しい年の実りをもたらす「農耕の神」のことで、年に一度、年のはじめに降臨して、幸せを授けてくれる我々の祖先なのだ。

そのため、年神様が滞在している期間、つまり正月が明ける三が日まではすべての家が祭場になる。あるいは、7日や15日までの松の内までの場合もある。

たとえば、玄関に立てる門松は「依代《よりしろ》」といって、年神様が降りてくる時の目印になる。

しめ縄は神社と同じように、神様を迎えるにふさわしい場所であることの証になるのだ。

つまり、各家庭を神社のように演出するのが、正月飾りというわけだ。

年末の大掃除もやはり、正月に神様を迎えるためのものだ。そう考えると今年の大掃除はいつもより気合が入るかもしれない。

国民の多くが無宗教といわれ、外国の宗教行事をイベント的に楽しんでいる我々日本人も、正月くらいは本来の行事の意味を理解して準備したいものだ。

なぜ節分に豆をまいて鬼を追い払う？

節分は「鬼は外、福は内」と叫んで豆をまく日、と思っている人は多い。だが、なぜ節分には鬼を外へ追い出すのか、そして、なぜそれが2月3日なのかを知っているだろうか。

「鬼」と聞いて多くの人が想像するのは頭に角、口に牙、そして裸身に虎の皮のふんどしという出で立ちだろう。

じつは、これは陰陽道に影響されてこうしたスタイルになったもので、もともとは疫病や災害などの祟《たた》りをもたらす怪物やもののけのことを鬼といっていた。

こうした邪気を払うために行われるのが豆まきで、もとは平安時代に宮中で行われていた「追難《ついな》」という儀式だったという。それが民間に伝承されて今のような行事になったのだ。

では、なぜ2月3日に行われるようになったのだろうか。

それはカレンダーを見ると一目瞭然だ。２月４日は立春、つまりこの日は旧暦の元日で、前日の２月３日は大晦日《おおみそか》にあたる。

つまり、正月を迎える前に前年の邪気をすべて払い落として新年を迎えるのが目的なのだ。

また、厄《やく》払いの意味も込められている。そのため、豆をまくのは一般的に一家の主や跡取り息子だったが、地域によっては厄年の人がその役目を担うところもあるという。

どうして日本には「お花見」の習慣があるの？

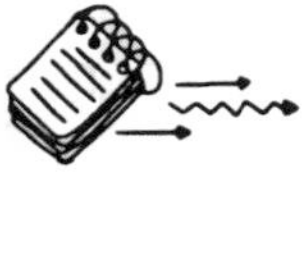

日本の春の風物詩といえばお花見だ。桜の名所といわれる場所は、どこも青空宴会場に変わってしまうほど誰もがこぞって桜の木の下に集う。

ところでこのお花見、誰もが「お花見」＝「桜」という認識を持っているのはなぜだろうか。

このルーツをさかのぼると『古今和歌集』にたどり着く。奈良時代の『万葉集』では、春の花では桜より梅のほうが多く詠《よ》まれているのだが、平安時代になると貴族たちは桜を好むようになり、この頃から「花見といえば桜」をさすようになったという。

奈良時代に桜の花があまり観賞されなかったのは、桜がその年の農作物の出来を占う役目を担っていたからだ。

桜の花の量が収穫高を左右すると考えられていたため、ゆっくりと花見する気分ではなかったのだろう。

花見の宴がはじめて催されたのは平安時代、嵯峨《さが》天皇の宮中で行われたと伝えられている。

平安貴族の優雅な遊びが江戸時代になると庶民の間にも浸透し、春の国民的イベントへと拡大していったのだ。

ちなみに、花見酒は桜にお供えしたお酒のお下がりをいただいたのがそのはじまりだ。あまり騒ぎ過ぎずに風流に楽しみたい。

「八十八夜」はいつから数えて88日目？

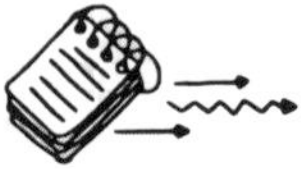

「夏も近づく八十八夜〜」という唱歌に聞き覚えのある人もいるだろう。歌詞にある「八十八夜」とはいったい、いつから数えて何日目の夜のことなのかご存じだろうか。

歌詞のとおり、夏も近づくということから秋や冬ではないことはわかるが、正確な日付は意外と知られていない。

じつは八十八夜とは、二十四節気の1つである立春（2月4日頃）から数えて88日目のことで、日付でいうと5月の1日か2日のことをさしているのだ。

八十八夜は暦でいうと雑節に分類され、節分や入梅、彼岸のように日付が確定されているわけではない。

だが、「八十八夜の別れ霜」という慣用句もあるように、この頃になると遅霜もなくなり、暖かい季節が到来するという意味を表しているのだ。

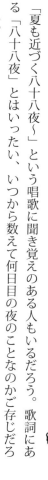

遅霜は、夜間に冷え込んで降る霜で、お茶や果物などの農作物に打撃を与えることがあった。つまり「八十八夜」という唱歌は、農家の人たちが無事に農作物の豊作を願う意味の歌でもあったのだ。

また、昔はこの八十八夜に摘み取られたお茶の葉は神仏に供える習わしもあり、この日にお茶を飲むと長生きできるともいわれていたのである。

本来「七夕」を祝うのは7月7日の夜じゃない!?

松尾芭蕉の句に「文月や　六日も常の　夜には似ず」とあるように、昔から七夕近くになると人々は特別な気持ちになって短冊に願い事を書いたり、笹の葉に紙細工を吊るすなどしていろいろと準備をしていたことがうかがえる。

もともと七夕とは、織姫星と彦星が1年に1回だけ七夕の日に天の川で会うことを許されるという中国の悲恋伝説がルーツになっている。

このような伝説を基に日本で七夕を祝う風習が始まったのは奈良時代からであり、

当時は宮中行事として行われていた。それが庶民の間に広まり、七夕の日に行われるようになったのである。

本家の中国では、女性が手芸に巧くなることを祈る乞巧奠《きこうでん》という祭事と結びつきが強い行事となっている。

なぜかというと、織姫とは織物を作ることに長けた女性の神格化した姿だからだ。日本では織姫のことを棚機津女《たなばたつめ》と呼んでいたことから、これが略称化されて「たなばた」となり、「七夕」という字を当てたのだ。

また七夕は7月7日だが、「六日も常の～」と詠まれているように七夕を祝うのは6日の夜で、7日の夜には飾った竹を川や海に流して身のけがれを持ち去ってもらう「七夕流し」が行われていた。

なぜお盆に「キュウリの馬」と「ナスの牛」を作る？

旧暦の7月15日頃、新暦でいえば8月の15日前後はお盆のシーズンだ。

この頃になると、スーパーなどにはふだんは置いていない盆花やお供えなどが売られている。

その中には、ナスやキュウリも並べられる。これらは夏野菜なのだからお盆の時期に売られているのは当然だが、この時期は食べるためだけに売られているわけではない。

ナスとキュウリはお盆に欠かせない野菜なのだ。

お盆には仏壇や精霊棚《しょうりょうだな》にさまざまなお供えをするが、その中に短く切った割箸や麻幹《おがら》を4本差して「馬」と「牛」の形を模したものがある。

なぜ馬と牛を作るのかというと、あれはご先祖がこの世に戻ってくるための乗り物なのだ。

馬の形をしたキュウリはこの世に戻る時に乗るため、そして牛の形をしたナスは荷物を載せてあの世に帰っていくのに使うのである。

置き方は、お迎えする時はそれらを内向きに、送る時は外向きに飾るのがいいとされている。

仏壇のない家では馴染みがないかもしれないが、大人の日本人としては常識として知っておきたい。

「お月見」にすすきと団子をお供えするワケとは？

春の桃の節句や初夏の七夕など、日本には季節感があふれる年中行事がいくつもある。

少しずつ気温が下がり始めるころ、夜に楽しむのが初秋の「お月見」だ。子どもの頃、夜空に浮かぶ満月を眺めながら団子を食べた記憶を懐かしく思い出す人もいるだろう。

月見は平安時代に中国から伝わった習慣で、「中秋の名月」を祝うことを目的とした行事である。

今も残る「中秋」という言葉は陰暦の8月15日を指しており、現在でいえば9月の中旬頃のことだ。

俗に「十五夜」ということから9月15日が十五夜だと思っている人も多いだろう

が、これは間違いである。

太陽暦を採用している今の暦では毎年日付が異なり、例年9月の半ばから10月初旬のどこかにあたる。

ところで、月見にはすすきと団子のお供えがつきものだが、これにはどういう意味があるかご存じだろうか。

中秋の名月は、のちに発達した稲作の生育サイクルから収穫祭と結びついている。そこですすきを稲穂に見立てて作物の豊穣を、そして月と同じ丸い団子を供えることで、子孫の健康を祈願するようになったのである。

春と秋の「お彼岸」にお墓参りをするのはなぜ？

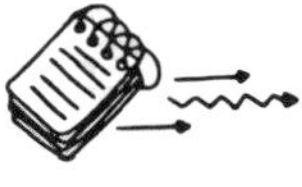

仏教の年中行事で一般に知られているものといえば、春と秋のお彼岸だ。どちらも「春分の日」と「秋分の日」の祝日にあたるので、家族そろって墓参りに出かけるという人もいるだろう。

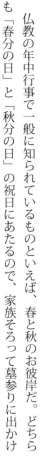

お彼岸というのは、厳密にいえば1週間続く。春分の日と秋分の日を「彼岸の中日」といい、この日をはさんで前後3日間ずつの計7日間がお彼岸（彼岸会）といわれているのだ。

では、なぜお彼岸に墓参りをするのかというと、そこには日本古来の自然信仰が深く結びついている。

そもそも「彼岸」は、向こう岸のこと。仏教の世界でいうところの「あの世」のことを意味していて、「あの世」＝「極楽浄土」は、日の沈む西の彼方にあるとされている。

そして、彼岸の中日は年に2回、太陽が真東から昇って真西に沈む。西方に沈みゆく夕日を礼拝し、極楽浄土のご先祖を偲ぶのにふさわしい日というわけだ。

仏教の教えでは、この世は煩悩が渦巻く四苦八苦の世界で、あの世はそうした苦悩とは無縁の世界なのだ。

お彼岸は、極楽浄土に思いを馳せ、先祖から脈々と続く命の尊さを再認識するための半年に一度のいい機会なのである。

なぜ大晦日に「年越し蕎麦」を食べるようになった？

日本人にとって1年で最後の縁起担ぎが、大みそかに「年越しそば」を食べる習慣だ。年越しそばには、長いそばと長生きがかけられていて、長寿への願いが込められているというがそれだけではない。

じつは江戸時代の町民にとって、年越しそばには「金持ちへの願い」が込められていたのである。

江戸では当時、年末の大掃除の道具としてそば粉を練ったダンゴが使われていた。そばダンゴの粘着質を利用して部屋の隅々の埃《ほこり》を取るという、現在でいえばテープ式のカーペットクリーナーのような使い方がされていたのだ。

この〝そばダンゴクリーナー〟を常用していたのは、じつは金銀細工を扱う職人たちで、作業場に飛び散った金粉や銀粉をダンゴを使って集めていた。

掃除が終わると七輪などでダンゴを焼いて灰にすれば、あとには金銀の粉が残るという仕掛けだ。

このことから「そばは金を集める」といわれるようになり、それが転じて「来年は金が集まりますように」という願いを込めて年越しそばを食べるようになったのである。

「暦（二十四節気）」ってそもそも何？

特に季節の変わり目というわけでもないのに、気象予報士が「暦の上では春になりました」などというフレーズを口にすることがある。
ここでいう暦とは「二十四節気」のことで、太陽の動きをもとに1年を24等分に区切って季節を表したものだ。
まず全体を春夏秋冬の4つに分け、さらにそれを6分割し、節気と中気を交互に設置する。
その12の節気と12の中気に「立春」や「啓蟄《けいちつ》」、「夏至」、「秋分」、「大寒」といった、それぞれの季節を表す言葉を当てはめているのである。

発祥は古代中国で、月の動きをもとにした暦で生じるズレを修正し、正しい季節を示す目的で考案された。

だが、もともと中国の黄河付近の気象を基準にしていることから、実際の日本の季節感とは今ひとつマッチしないことが多いのだ。

たとえば春の訪れを表す「立春」は例年2月初旬だが、その頃の日本列島はといえば、まだまだ真冬で春の気配すら感じられない。

その違和感を埋めるためというわけではないだろうが、二十四節気を持ち出す時はどうしても「暦の上では」という〝枕詞〟をつけざるを得ないのである。

そもそも「床の間」って何のためにある？

床の間とは、日本建築独自の様式だが、最近の家ではすっかり目にすることも少なくなった。

床の間は、それまで全面板張りだった床に、畳を敷きつめた室町時代につくられた。それ以前は寝具として置畳を使用していたので、その枚数やへりの色で身分の差を示していたのだ。

全面畳敷きになると、その誇示が不可能になったので新たな格付け区分として一段高い板張りの床をつくった。それが床の間である。

床の間は悟りを開くための神聖な空間とも考えられていたので、掛軸や花などが飾られ、鑑賞空間でもあった。

当時、鑑賞用の襖絵《ふすまえ》に代わって、神仏を描いた掛軸形式の絵画が中国から流入したため、飾る場所も必要だったのだ。

一段高い場所に設けた床の間が設置された部屋は大切に扱われ、客人はこの大切な場所で眠らせるという風習があった。

主君に奉仕するという表向きの生活を重視するという考え方で、茶の間や寝室などという住生活とは、はっきり区別したものである。

このような住宅様式は、富裕層から徐々に一般庶民にも影響を与えていき、住宅改築が進んだ明治後期には床の間は一般化したのである。

「日本」は、英語表記だとなぜ「Ｊａｐａｎ」？

日本のことを英語で「Ｊａｐａｎ」というが、なぜ発音が似ても似つかないこの表記になったのだろうか。この英語表記、じつは勘違いから生まれている。

日本を初めてヨーロッパに紹介したのは、冒険家のマルコ・ポーロであることはよく知られている。

ところが、マルコ・ポーロが『東方見聞録』を記す際、中国人が福建語で「ジペンクオ」といったのを「ジパング」と勘違いし、そのまま書いてしまったという。

そこから生まれたのが「Ｊａｐａｎ」という英語表記なのだ。

ほかにジャポン（イタリア語）やハポン（スペイン語）などもあるが、すべてマルコ・ポーロの勘違いから生まれた「Ｊａｐａｎ」が元になっている。

ところで、中国ではもともと日本を何と呼んでいたのだろうか。これには諸説あり、また時代や地域によっても異なる。

たとえば、単に日本を中国語で発音した「リーベン」または「ジーベン」と呼んでいた時代もあれば、「ジッポン」や「ジッパン」と呼んでいた時代もある。「ジツ」＝「日」、「ポン」＝「本」と考えるとわかりやすいだろう。

昭和、平成、令和…日本に元号があるのはなぜ？

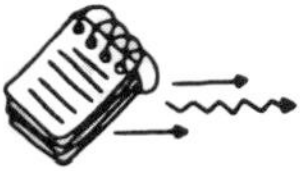

日本で初めて元号が使われたのは、大化改新（645年）の時である。蘇我氏の専横を誅《ちゅう》して孝徳天皇が即位した時に「大化」という元号が用いられたことに始まる。

しかしその後、一時元号が途絶え、再び使われるようになったのは文武天皇の代のことだ。701年に「大宝」という元号が使われ、この際、大宝律令により国で扱う公文書には必ず元号をつけることが義務づけられた。

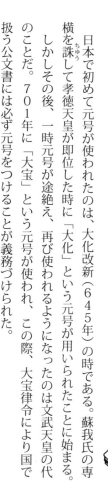

大宝から平成まで歴代天皇は84代だが、元号は200以上ある。数が合わない理由は中国の「讖緯《しんい》説」にある。

中国では干支の辛酉《しんゆう》と甲子《かっし》の年に改元しないと災いが生じるとして、60年に1回は改元していたのだ。ほかにも「災異改元」というものがあり、これは、天災や戦争などが起きると災いを一新するために改元が行われていたのである。

しかし、このような改元は明治元年（1868年）に廃止され、それ以後は天皇一代の治世は1つの元号で通すことになっている。

海外にいる日本人のことをどうして「邦人」と呼ぶ？

海外で日本人が事件や事故に遭った時、ニュースなどでは「邦人が巻き込まれた」と報道する。そのため、「邦＝日本」だと思っている人もいるが、もちろん間違いだ。

この「邦」という漢字にはもともと「国」の意味があり、とくに「ほかの国」と区別する意味での「我が国」というニュアンスが強い。

だから「邦人」という言葉は「我が国の人」という意味になる。

それに、「海外で邦人が事故に遭った」という場合も、厳密には「海外で日本人が事故に遭った」ではなく、正確には「海外で我が国の人が事故に遭った」という意味になるのだ。

同じように「邦画」は「我が国の映画」という意味であり、「洋画」と区別するために「邦」の字が使われている。

ところで、「邦」と違って明確に「日本」を示しているのが「和」という字だ。たとえば「和菓子」といえば「洋菓子」に対して「日本の菓子」を指し、また「和服」は「洋服」に対して「日本古来の着物」を指す言葉である。これらに「邦」の字を使うことはない。

一般的に「和」は、明らかに日本古来のものや日本伝統に根ざしたものなどに使われることが多い。そこが「邦」との大きな違いだ。

え？　駄洒落って日本の文化なの？

ほとんどの日本人は、学校で何年も英語の授業を受けているのに英会話ができな

いとよくいわれる。

日本人にとって英語が難しい理由のひとつは音の種類の数にある。日本語の最小単位の音素数は約４００で、これは英語の10分の1にすぎない。

つまり、英語には日本人が日常的にまったく使わない音が数多く使われているのだ。これでは日本人が英語になじめないのもしかたがないかもしれない。

しかし、音の種類が少ない日本語ならではのユニークな文化もある。それは駄洒落だ。

同じ音なのに意味がまったく違う言葉や、発音が似ていて紛らわしい言葉が数多くあるから、それらをうまく組み合わせれば駄洒落をつくりやすいのである。

たとえば、有名な古典落語『火焔太鼓《かえんだいこ》』のオチは、太鼓を鳴らして大儲けした道具屋の主人が「今度は半鐘を鳴らしてやる」というと、細君が「半鐘はダメだよ、おジャンになっちまう」と引き止める。

半鐘の音「ジャン」と、物事がダメになる意味の「おじゃんになる」をかけた駄洒落だが、単純な音だからこそふたつの意味をかけた駄洒落として成り立つわけだ。

もっとも英語力のほうを身につけたいという人も多いだろうが、駄洒落も日本文化と思って楽しみたいものだ。

「BONSAI」はなぜ世界共通語になった？

日本では昔から、年寄りの趣味の定番のように思われている盆栽だが、「ジャパニーズカルチャー」として海外でも人気が高まっている。「ＳＵＳＨＩ」と同じように、今や世界で共通語となっている「ＢＯＮＳＡＩ」だが、世界に広まったのは戦後のことだ。

きっかけは日本に駐留していた各国の兵士たちだった。彼らが任務を終えて祖国に帰り、盆栽の素晴らしさを伝えたことで、ＢＯＮＳＡＩが世界に広まったのだ。

その後、昭和45年（１９７０年）の大阪万博で開催された盆栽展には、外国人が殺到したという。

今では世界中に愛好者が急増していて、その認知度は「歌舞伎」や「能楽《のうがく》」と並ぶほどになっている。

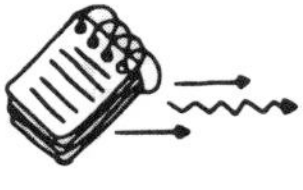

ドイツやスペイン、ノルウェー、アメリカなどにはそれぞれ「盆栽協会」があり、イタリアには盆栽の専門学校まであるほどだ。

そもそも盆栽というのは中国で生まれ、遣隋使によって日本に伝えられたものである。

平安時代には宮廷人の間で流行したが、当時はまだ「盆栽」という言葉はなかった。今のように手を入れることもなく、あくまでも観賞用として小さな器に草木を植えて飾っていただけだった。

それがやがて明治に入ると、「自然美を追求する」という盆栽の定義が確立される。

盆栽の「盆」とは陶磁器でつくられた鉢を指し、「栽」とはその鉢に草木を植栽することを意味する。

盆の中に植えた草木を育てながら姿を整え、小さな空間に天然の自然以上の自然美をつくり出して鑑賞するのが、盆栽の楽しみである。

種類として代表的なのは松類だが、かずらやサクランボのような実物や花がつく花物、草物なども人気がある。

盆栽というのは手間ひまをかけてこそ価値がある。本物の自然が失われつつある昨今、我々日本人も改めて盆栽を見直して、「スローライフ」を実践してみるのもいいかもしれない。

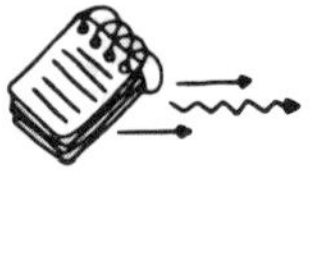

江戸時代の単位「匁」は、なぜ世界中で使われる？

「匁《もんめ》」とは江戸時代に使われていた重さの単位だ。当時のお金である開元通宝1枚分の重さが1匁だった。もちろん、現在は日常的には使われていない単位である。

ところが、日本では使われなくなった「匁」は、別のところで世界共通の単位として生かされている。じつは、真珠の重さを計る単位として今も世界中の真珠業界で「匁」が使われているのだ。

1匁は約3・75グラム。世界の真珠は、これを基準にして重さが計られ、価値が決められて取り引きされている。

世界で最初に真珠の養殖に成功したのは、世界的な宝飾品企業である「ミキモト」の創業者である御木本幸吉だった。明治38年（1905年）のことである。

その御木本幸吉が真珠の重さを計るのに「匁」を用いていた。そのために、その後もこの単位が世界共通のものとして広がったというわけだ。

試しに英語の辞書を引くと、「momme」という綴りで掲載されているものもあるはずだ。ただし発音は「もんめ」ではなくて「もめ」。万国共通になった「匁」は、発音もやや英語っぽくなっているのだ。

『古事記』の中身をひと言で説明すると？

小学校で使う歴史の教科書には、戦前まで日本の神話が載っていた。子供たちは、日本は神代から続く国であり、天から神様が降りてきて国を造ったと教えられていたのだ。

この日本神話の原典ともいわれているのが日本最古の書物『古事記』である。

古事記は、和銅5年（712年）に天皇の命を受けた太安万侶《おおのやすまろ》が稗田阿礼《ひえだのあれ》という人の口誦《こうしょう》（口伝）を基に編纂したもので、大昔から代々語り伝えられた話が集められている。

戦前までは、皇室の祖先のことが記載されていることから、単なる歴史書としてではなく神典《しんてん》としても扱われていた。

この古事記は全三巻の構成になっており、第一巻にはイザナギとイザナミの「国生み神話」をはじめ、スサノオの「ヤマタノオロチ退治」の話や、オオクニヌシと因幡《いなば》の白兎《しろうさぎ》の「出雲神話」など、数多くの日本の神話が網羅されており、物語としても楽しめる内容になっている。

第二巻と第三巻は、神話ではなく、初代神武天皇から33代推古天皇までの事歴について詳しく書かれている。

今では現代語訳版や子供向けのものなども出ていて、よりいっそう読みやすくなっている。日本人としてのアイデンティティーを探るうえでも一度は読んでみるのもいいだろう。

「般若心経」には、どんなことが書かれてある？

日本で、最もポピュラーなお経といえば「般若心経《はんにゃしんぎょう》」だろう。この経は一説によると、「大般若経《だいはんにゃきょう》」という全６００巻もある経典を集約したものといわれている。最近ではお経を書き写す写経も静かなブームだが、般若心経は全部で２６２文字という短かさゆえ、書き写すのも楽なことからチャレンジする人が多いのだ。

では、般若心経にはいったい何が書かれているのだろうか？

般若心経は正式には「摩訶般若波羅蜜多心経《まかはんにゃはらみったしんぎょう》」といい、簡潔にいえば「仏の智慧の真髄」を説いたお経である。

仏の智慧を完成させると「彼岸に至る」ということから、「彼岸に至る」ために唱える経という意味にもなる。

ここでいう彼岸は、死後の世界をさしているのではなく「悟りの境地」という意味である。

悟りの世界に至るには仏教では6つの修行が必要とされるが、それらは六波羅密《ろくはらみつ》といって、布施《ふせ》、持戒《じかい》、忍辱《にんにく》、精進《しょうじん》、禅定《ぜんじょう》、智慧となる。それらの重要性も般若心経の中で教えているのだ。

また、「色即是空《しきそくぜくう》、空即是色《くうそくぜしき》」という有名な言葉も般若心経の中に含まれている。これは、いっさいの存在は空であり、空が存在すべてをあらわす、という深遠な仏の智慧なのである。

和歌、俳句、川柳…の違いっていったい何？

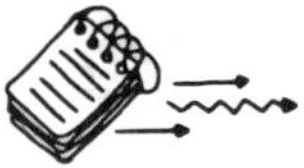

和歌や俳句というと、今では一部の人の趣味という感があるが、昔は歌を詠むことは一種の娯楽として親しまれてきた。

和歌も平安貴族たちだけの趣味ではなく、庶民の間でも流行っていた。日本に現存する最古の和歌集『万葉集』には、貴族たちが詠んだ歌が集められているが、3分の1は詠み人知らずで、身分の低い名もない人々が詠んだことが推測される。

あの有名な歌人、柿本人麻呂《かきのもとのひとまろ》でさえ生没年月日すら不詳で、貴族にしても身分はかなり低かったと考えられており、詠われている内容も恋愛の歌が圧倒的に多い。和歌は、現代のラブソングと同じような扱いをされていたのだ。

ところで、和歌には和歌の神様がおり、住吉明神《すみよしみょうじん》と柿本人麻呂と玉津島明神《たまつしまみょうじん》が「和歌三神」と呼ばれている。

このうち玉津島明神は女神である。男尊女卑の気風が強かった時代とはいえ、女性でも歌を詠むことは禁じられていなかったのである。

時代が変わるとともにその和歌から新しい形が生まれていく。和歌は31文字で構成されることが定型だったが、それが時代とともに五・七・五調の俳句や川柳という形に転化していった。

より庶民的な傾向が強い川柳は、内容的にもかなり風刺の効いたユーモア要素が増えていったのだ。

能と狂言は、いったいどこが違う？

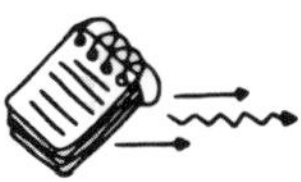

能や狂言は中世から続く日本の伝統芸能だが、若い人たちからは敷居が高いなどと敬遠されがちだ。

たしかに、どちらも多少の基礎知識がなければ楽しめないものである。

能や狂言はもともと「猿楽《さるがく》」という平安時代に生まれた滑稽な物真似や言葉芸がルーツであり、鎌倉時代に入ってより演劇化して完成されたものだ。

ところで、能と狂言の違いは、その表現方法にある。

能は文語体の「〜候《そうろう》」調なのに対して、狂言は会話調が主体であるため「〜でござる」という表現方法が基本となっている。

「〜ござる」は、室町時代に庶民の間でふつうに使われていた言い回しだ。

演じる内容も、能は『源氏物語』に出てくる人物や高名な武将など歴史上の重要な物語を題材にされたものが多く、どちらかというと悲劇的なストーリーが演じられることが多い。

狂言の方は、逆に登場する人物は名もない市井の人々が多く、歴史上の人物などはほとんど出てこない。

内容のほうもコミカルな要素が多く、見ていてより親密感が持てる演出となっている。

このように能はどちらかというと芸術性を重視し、狂言はより娯楽性を重視した伝統芸能なのだ。

歌舞伎を演じるのが男ばかりなのはなぜ？

17世紀から続く歌舞伎は今では古典芸能の花形だ。女形《おやま》といわれる役者は、男性でありながら、女性のように身のこなしもしなやかで艶やかである。しかし歌舞伎は、もともと女性も演じていた芸能だったのだ。

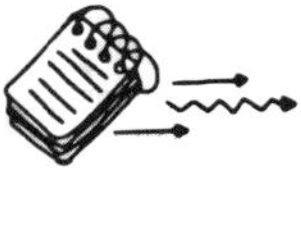

歌舞伎は、出雲大社のお国という女性が京都で「ややこ踊り」という小唄踊りを

演じたことがルーツになる。

それ以後、遊里で遊女が踊る「遊女歌舞伎」へと移り変わるが、風紀を乱すという理由から女性の役者が禁止されて男性中心の芸能に変わった。そして、江戸時代には歌舞伎の花形役者といえば男子が演じる女形になる。

そんな彼らの艶やかな立ち居振舞に胸をときめかせていたのも、じつは男だったのである。

『役者評判記』にも美少年について詳しく論じられているが、彼らは歌舞伎を演じるだけでなく、「床入り」といってお客さんとねんごろになることも仕事のうちだったという。

江戸時代には武士の間の陰間茶屋での陰間遊びなど、男色はそれほど特別なことではなかった。若く美しい歌舞伎役者は大人気だったのだ。

それについては井原西鶴の『男色大鑑』でも紹介されており、美少年と会うために金も命も惜しまないという男が続出したという。

常識その10 日本語

初めて会う人でも、「いつもお世話になります」でいいの？

An Encyclopedia
of Common Sense
Adults Need to Know

「わたくし」という言い方をサラッと使うには?

「わたくし」という言い回しは、少々堅苦しい印象があるが、社会人としては日常生活のなかでも使えるようになっておきたいものだ。

「ぼく」や「わたし」を「わたくし」に置き換えるだけでぐっとオフィシャルな印象になり、また社会人としての自覚も湧いてくる。

とはいえ、慣れないうちはうまく口がまわらなかったり、少し気恥ずかしかったりするものだ。

この「わたくし」をごく自然に使うには、それにふさわしい敬語をセットで使うようにするといい。

たとえば、「言ってください」を「おっしゃってください」に変えると、「わたしに」よりも「わたくしに」のほうがしっくりくる。

また、「持ってきます」ではなく「持って参ります」というほうが主語を「わた

くしが」にしやすい。ちなみに、自分に対して「わたくし」を使うなら相手のほうの呼称も変えたほうが自然である。

基本的には「様」をつけることだが、「そちら」は「そちら様」に、取引先の「課長」なら「○○様」と名前に様をつけると、自然と「ぼく」や「わたし」は使いづらくなってくるはずだ。

覚えておきたい「ビジネス慣用敬語」とは？

敬語には、尊敬語、謙譲語、丁寧語、美化語などがあるが、年齢を重ねたからといってそのすべてを完ぺきに使いこなしているわけではない。

しかしそれでも、できるだけ正しく自然に使えるようになっておけば、どこに出ても恥ずかしくない社会人になれるだろう。

なかでも、ビジネスシーンで使いこなせるようになりたい言い回しのひとつが慣用敬語だ。

慣用敬語とは、「かしこまりました」や「恐れ入ります」、「さようでございますか」など、普段からよく使われている敬語である。

まだあまり敬語を使い慣れていない新入社員でも、覚えておくと便利な言い回しである。

電話の取り次ぎにはじまり、来客の応対や上司との会話のなかでこれらの言い回しを使うだけでかしこまったニュアンスを伝えることができる。

たとえば、かかってきた電話に不在対応をするときには、「少々お待ちください」と「お待たせいたしました」、そして「席を外しております」と「折り返しお電話いたします」と伝えるだけで、じつにスマートな対応になるといった具合だ。

日頃から意識して使うようにして、とっさのときにすぐ出るようにしたい。

初めて会う人でも、「いつもお世話になります」でいいの？

ビジネスシーンでよく使われる言い回しの筆頭に、「いつもお世話になります」

という言い回しがある。

「いつも……」とつくからには、顔見知りの人や以前からつき合いのある人に対して使うものと思ってしまうが、ビジネスシーンで使う場合はそうとは言い切れない。

たとえば、得意先を訪問して受付で来訪を告げたとしよう。たとえ受付の人とは初対面であっても、相手からは必ずといってもいいほど「いつもお世話になります」という言葉が返ってくるものだ。

電話をかけた場合でも同様のことがいえる。

電話をかけた人と電話口に出た人は知らない者同士であっても、受けた人にとっては、かけてきた相手は社内の人間が世話になっている人かもしれないし、もしくは会社にとって重要な客かもしれない。

つまり電話を受けた人は、自分にとっても大切な人、という意味合いで使っているのだ。「いつもお世話になります」は、相手に対する感謝の気持ちの表れだということができる。

この言い回しは、たとえ初対面であっても、会社を訪問してきた人を尊重し、丁寧に扱っているという態度を相手に伝えるのが目的でもあるのだ。

当社、弊社、我が社…自分の会社をどう呼べばいい？

日常生活ではほとんど出番がなく、仕事の現場でしか使用する機会がないのが、いわゆる「ビジネス用語」だ。

ふだん口にする機会が多くないせいか、なかにはあいまいな理解のまま使用している言葉も多かったりする。

たとえば、自分の会社のことを呼ぶ場合の「当社」や「弊社」はどう使い分けるのが正解かおわかりだろうか。

まず相手が営業先や取引先などの客であれば、どんな場面でも弊社を使用しておけば間違いない。

「弊」には謙遜の意味が含まれており、相手を立てることになるので、これで不快になる人はまずいないだろう。

だが、あえてへりくだる必要のない相手や場面なら当社が適当だ。

当社は文字通り自社を表す言葉なので、立場的に相手と対等でありたいときなどに用いる。

ちなみに「我が社」も当社と同じ意味だが、どこか威圧的な印象を与えてしまうので社内だけの使用にとどめたほうがいい。

相手に謝罪するような場面で、「これは我が社のミスです。申し訳ありませんでした」では謝意は伝わらない。ここは弊社とへりくだるのが常識だ。

念のため、相手の会社の呼び名は、話し言葉では「御社」、書き言葉では「貴社」が正解なのでお間違えなきよう。

ただのお昼休みでも「外出しております」というべき?

電話では、言い方ひとつで相手が抱く印象も大きく変わるものだ。電話の対応には十分に気をつけたいものだが、そんな電話対応の基本を知らない人が意外と多かったりする。

たとえば、急ぎの用件で取引先に電話をかけ、担当者への取次ぎをお願いした時に「ただいま、お昼休みをいただいておりまして……」と返されたらどうだろう。もちろん誰でもお昼休みは取るものだが、緊急事態の時に「お昼休み」といわれると、イラッとくることもあるだろう。

このように不在の理由が休憩や私用などの場合は、先方があまりいい印象を受けないことも多い。

そんな時には、「あいにく外出しております」と言われたほうが冷静になれるというものだ。

そのうえで「13時頃には戻る予定です」と連絡の取れる時間を告げ、さらに「お急ぎでしょうか？」と、相手がどうしてほしいと思っているのかはきちんと尋ねたい。

同じように、遅刻してまだ出勤していない人に電話がかかってきた時に、正直に「遅刻しています」というのはどう考えても印象が悪い。

この場合は「本日は立ち寄りで……」と濁しておくといいだろう。

電話をとって「もしもし」と出るのは、仕事では失礼？

社会人になりたての頃、フレッシュマン研修などでビジネスマナーを習った人は多いだろう。

特に、電話対応は受けた人の印象が悪いと会社全体の印象も悪くなるため、言葉遣いにはくれぐれも気をつけるよう指導されたはずだ。

だが、なかには研修の成果もむなしく堂々とマナー違反をしている社員もいる。

たとえば、電話をとった時に反射的に「もしもし」と出てしまう人がいるが、これはＮＧだ。

電話の受け答えとしては定番の「もしもし」も、会社では幼稚な印象が拭えない。「もしもしは学生時代まで」と言い切るビジネスマナーの講師もいるほどだ。

もっといえば、そもそも元の意味は「申す申す」という呼びかけの言葉なので、受けるほうが使うのは不自然というのも理由の1つだ。

改めて説明するまでもないが、電話をとったらまず「○○社でございます」と社名を名乗る。何回もコールが鳴ってから取った場合は、最初に「お待たせしました」とひと言加えるのが礼儀だ。

「もしもし」の代わりになる言葉としては「はい」や「恐れ入ります」などがある。家族や仲間うちの電話とビジネスの電話では、うまく使い分けるようにしよう。

「拝見させていただきました」というのはNG？

ビジネスの相手や職場の上司など、「絶対に失礼があってはいけない」と思う相手との会話ほど、おかしな言葉遣いになったりするものだ。

そのいい例が「拝見させていただきます」「お越しになられました」といったフレーズだ。誰もが当たり前のように使っていて、一見丁寧な印象のこの言葉遣いはじつは誤りなのである。

これらは、1つの言葉に2つの敬語を重ねてしまうという「二重敬語」と呼ばれるものだ。前者のフレーズでいえば、「拝見」も「させていただく」も自分を下げる謙譲語である。したがって「拝見」で始まればそのあとはシンプルに「します」でかまわない。

また、後者のフレーズも「お越し」と「なられる」の2つの尊敬語が重なっているので、「なられる」のほうは敬語にせず、「お越しになりました」とするのが正しい言い方だ。

たとえば、ほかにも「ご覧になられる」や「お立ちになられる」など、ビジネスシーンでの二重敬語は意外と多くの人が使っている。

丁寧に話そうとする心がけはいいが、肝心の使用法が間違っていてはいらぬ恥をかくだけなので、この機会に正すことをおすすめする。

「○○部長様」って言い方、正しい？

上司や同僚をどう呼ぶかは、簡単そうでいて意外と難しい。社内での呼称と社外

の人を前にしたときの呼び方は異なるからだ。

まず、自社内では「○○課長」「○○部長」のように、「名前＋役職名」で呼ぶのが一般的だ。

もっとも、会社によっては役職名なしで「○○さん」と名前だけを呼ぶこともあるので、そこはケースバイケースで対応しよう。ただし、社外の人が一緒にいる時には役職名をつけるのが望ましい。

次に、役職のない社員は先輩でも後輩でも「○○さん」となる。プライベートの時間ならば「○○君」「○○ちゃん」でもかまわないが、仕事中は後輩でも「○○さん」と呼ぶべきである。

つまり、自分から見て内部にあたる社内の人については、へりくだった表現を用いなければいけないのだ。

一方で、社内の人を社外の人に紹介する時には、たとえ上司であっても敬称をつけずに「社長の○○」「部長の○○」と名前は呼び捨てにする。役職がなければ「営業の○○」といった具合でいい。

逆に社外の相手には尊敬語を使い、「名前＋役職」か「役職名＋名前＋様」で呼ぶ。

仮に先方が営業部長の山田さんなら、「山田部長」あるいは「営業部長の山田様」という呼び方になるわけだ。

「ございます」「いらっしゃいます」の正しい使い方とは？

何かと難しい敬語だが、使い分けのコツを挙げるとしたら、その敬語が誰に対するものかを瞬時に判断することだろう。
たとえばレストランなどで、「ご予約の吉田様でございますね？」という言い方をされることがある。
たしかに「ございます」は「ある」の丁寧語に違いないが、本来は自分の行動やモノに対して使用する言葉なので、この場合は「吉田様でいらっしゃいますね？」が正しい。
では同様に、「吉田さんのご出身は福岡でございましたよね？」も間違いなのだろうか？

この場合、敬語の対象は相手の出身県であって相手自身ではないため「ございます」でも間違いではない。

だが、出身県は相手にとってごく近しい属性の1つだと考えると、「吉田さんのご出身」に対する尊敬語として「福岡県でいらっしゃいましたよね」という言い方が成り立つ。こちらのほうがより丁寧な表現ということになるだろう。

だが、これが「吉田さんの飼い犬は優秀でいらっしゃいますね」のように、犬に対して尊敬語を使ったりすると、とたんに不自然になる。

誰に対する丁寧語なのかを常に気をつければ、おかしな敬語表現はおのずと減ってくるはずだ。

言葉の頭に「お」をつけただけでは尊敬語にはならない？

相手のすることや持ちもの、ある状態などに対して尊敬の意を表すのが尊敬語だ。

しかし、すべての言葉の冒頭に「お」をつけるだけで尊敬語になるわけではない。

もちろん「お」＋「○○になる」で尊敬語となる動詞も多い。「お話しになる」「お聞きになる」「お思いになる」などがそうだ。

だが、たとえば「食べる」は、つい「お食べになる」などと言ってしまいがちだが、正しくは「召しあがる」である。

「言う」も同様に「言われる」ではなく「おっしゃる」であり、「見る」は「ご覧になる」、「来る」は「いらっしゃる」と変化する。

そこで、覚えておきたいのが「お」をつけるべきでない名詞の4つのルールだ。

まずは外来語だが、「おビール」や「おトイレ」は接客業などでは一般的だが、本来はＮＧだ。

次に公共のものにも「お」はつけない。「お役所」「お教室」などはかえっていやみな表現になりかねない。

動植物に対しても同じで、「お犬」「お猫」「お草」とは言わない。

自然現象である「雨」「台風」「地震」にも「お」はいらない。「お台風のなか、ありがとうございます」では、「台風」に敬意を表しているようなものだ。

外来語、公共の物、動植物、自然には「お」をつけない。これだけでも覚えておくと妙な尊敬語にならずにすむはずだ。

目上の人に「お願いできますか？」というのはNG？

忙しくて誰かにコピーをお願いしたい時に、丁寧に言ったつもりで「これ、コピーお願いできますか？」と言ってしまうことはないだろうか。

しかし、この言い方はちょっと失礼だ。なぜなら、相手の能力の程度を確認する言葉になってしまうからだ。

言い方やシチュエーションによっては「できないのではないですか」という意味を含み、相手の能力を否定することにもつながってしまう。

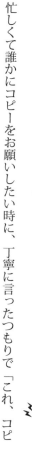

同じように「わかりますか」も何気なく使ってしまいがちな言葉だ。

たとえば、新しい企画のプレゼンテーションで長い説明をしたあと、上司に「ここまではおわかりでしょうか」と、つい口が滑ってしまったという経験はないだろうか。

当然、上司の理解度を計ったつもりはないだろう。自分の説明で理解できたかどうか、不足している部分がなかったかどうか、そちらの心配をしただけなのだ。

でも、それが上司に通じるかどうかは、それまでの上司との関係性にかかってくるのだ。

会議や商談などでは、「これでよろしいでしょうか」、「いかがだったでしょうか」という言い方のほうがあたり障りがないと覚えておきたい。

「お疲れ様」と「ご苦労様」の賢い使い分けとは？

「お疲れ様」と「ご苦労様」は、ともに相手が疲れたと思われるシーンでねぎらう言葉だ。

ところが、この2つには何とも微妙で、それでいて厳然たる違いがある。どっちでもいいのではなどと考えてはいけないのである。

この言葉のニュアンスの違いに、日本人は意外とこだわっているからだ。

まず「ご苦労様」だが、これは苦労をかける立場の人から苦労をした人に対して使う。

つまり、上に立つ人間から下の立場の人間へのねぎらいの言葉なのである。

だから、社長が社員に「ご苦労様」と言うのは正解だが、社員が社長に「ご苦労様でした」といってしまうと「何様のつもりだ」と叱責されかねない。

その点「お疲れ様」は使い勝手のいいオールマイティな言葉だ。

上司が部下に言うこともできるし、部下が上司へかけるねぎらいの言葉としても適している。

立場が微妙で迷った時には「お疲れ様でした」と言っておけば間違いない。

ただし、相手が明らかに大物で、もっと丁寧に言いたい時は「大変お疲れ様でございました」と尊敬の気持ちを込めるのがいいだろう。

「これで大丈夫です」を上司に失礼なく伝えるには？

「この資料、ちょっと確認してくれないかな」と、自分が関わっている仕事の書類を上司から渡された。目を通してみると、とくに問題も間違いも見当たらない――。

さて、このような場合には上司に対してどのように返事をすればいいだろうか。

つい、「これで大丈夫です」とか「とくに問題ありません」「これでかまいません」などと言ってしまいがちだが、これは自分と同じ立場の人に対してならともかく、上司や目上の人に対しては失礼だ。

なぜなら、これらはどれも上から目線の言葉になるからだ。

とくに、「かまいません」という受け答えには、別にどちらでもいいというニュアンスが含まれるので、輪をかけて失礼になる。

こういう場合には、「とくに問題ございません」「これでお願いします」などという言い方をするといい。

さらに丁寧に言いたい場合は、「これで進めていただければと思います」と言えば相手を敬う気持ちが伝わる。

また、自分のほうから見てもらいたい資料を渡す場合には、「見てください」ではなく、「ご確認よろしくお願いします」や「お目通しください」と言えば丁寧だ。

こうした言葉のやり取りで、仕事は思った以上に円滑に進むようになるのである。

「お待ち申し上げておりました」が失礼に当たる場面って？

何事も第一印象が肝心といえるが、ビジネスシーンでこの第一印象を決める大切な場面といえば、来客の出迎えだ。来社した訪問客を気持ちよく出迎えるというのは、社会人として当然のスキルである。

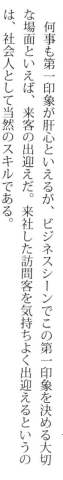

ビジネスマナーの初歩としては、「いらっしゃいませ、○○様、お待ち申し上げておりました」などというのが一般的なそつのない出迎え方だろう。

しかし、この〝鉄板フレーズ〟が失礼に当たる場合があるのだ。それは、訪問客が遅刻してきた時である。

遅刻したことですでに後ろめたい思いをしている客に、「待っていた」というのは、嫌みと受けとられかねない。丁寧な対応をしたつもりが、「わざわざ、皮肉をいわなくても……」とかえって不快な思いをさせてしまうのだ。

遅刻してきた客に対しては、「いらっしゃいませ、○○様」とあえてさらっと出迎えたほうがいい。

そのうえで、たとえば悪天候で遅れたということがわかっていれば、「雨のなかありがとうございます」とタオルを渡す、急いで走ってきた様子であれば冷たい飲み物を出すなどケースバイケースの対応を心がけたい。まず、相手の立場や気持ちになって考えれば、おのずと取るべき行動が見えてくるはずである。

誤解を招く「あいまい言葉」とは？

人から何かをすすめられた時に、「けっこうです」というとストレートに断って

いるように聞こえる。

だが、時と場合によっては「たいへんけっこうです。いただきましょう」というような肯定的な意味に受け取られることもある。

これは、「うちはいいです」や「大丈夫です」なども同様で、否定とも肯定とも解釈できるあいまいな言葉である。

このようなどちらにも取れるような紛らわしい言葉は、仕事では使わないようにしたい。

誰がどう聞いても断っていると判断できる言葉を使わなければ、思わぬトラブルの原因になったりするからだ。

はっきりと断りたいなら、「必要ありません」や「間に合っています」、「お断りします」と言えば、否定したいことがはっきりと伝わる。

逆に受け入れるのであれば、「はい、ではそれにしましょう」とか「はい、明日の午後にお会いしましょう」など、相手が言った内容を繰り返しつつ意思表示すれば間違いない。

「そうですね」や「はい、わかりました」といってうなずくだけでは、YESという意思表示があいまいになってしまうので注意したい。

使うと印象が悪くなる「4D言葉」とは？

「4D言葉」というものがある。言い訳の「だって」、否定の「でも」、あきらめの「どうせ」、追求の「ですが」だ。これらの言葉はネガティブなイメージを与えるため、一気に印象が悪くなってしまう。

それぞれのケースで、できるだけ肯定的なニュアンスの言葉に置き換える努力をしたいものだが、その際に役立つのが「いかがでしょうか」というフレーズである。

たとえば、「でも、以前は○○したじゃないですか！」というと、相手の言葉や行動を否定するニュアンスが強くなる。

それを、「なるほど、今回はそうしようということですね。それなら○○というやり方はいかがでしょうか」というように、一度肯定してから提案するという形をとるのだ。

「どうせ無理だと思います」なら「なかなか難しいように思うのですが、いかがでしょうか」、「だって、部長に指示されたんです！」は「部長からの指示は○○だったのですが、いかがいたしましょうか」というように、語尾に「いかがでしょうか」とつけるだけで、同じ内容を伝えていても与える印象をソフトにすることができる。

大切なのは、相手の言葉を真っ向から否定したり反論したりしないことだ。極力ソフトな言い方で自分の意見を伝え、「いかがでしょうか」というフレーズで相手に判断をゆだねてしまおう。

クレームでは、相手を非難しないのが鉄則!?

トラブルなどが起きて、取引先などにクレームを入れなければならないときは、どのように伝えたらいいのか悩むところだ。ストレートに言いすぎてしまうと反感を買ってしまい、その後の関係が悪化してしまう可能性がある。

まず、絶対やってはいけないのは頭ごなしに責める言い方だ。「これはそちらが間違っていますよね？」「連絡していただけるはずでしたよね？」と、詰問するような言い方は最悪だ。たとえ100パーセント非があっても、こんな言い方をされたらカチンときてしまう。

完全に相手のミスであるときほど、「何かの手違いだと思いますが」「ご連絡をいただくようお願いしていたと思ったのですが」というように、逃げ場を残したソフトな言葉を選びたい。

日頃から信頼関係ができている相手であるほど、婉曲に伝える方が素直に心に響くものだ。ミスはお互いさまということを忘れてはいけない。

大切なのは非難することではなく、迅速にトラブルを処理することだ。責任の所在を明らかにすることも大切だが、人間関係は白黒はっきりつけるだけではうまくいかないことも多い。大人の対応ができれば自分の株も上がり、信頼関係を強めることができるのである。

頼みごとがスムーズに通る謙譲フレーズとは？

どうしても頼みたい仕事があっても、先方からなかなか色よい返事がもらえないことがある。メールや電話などではなく直接出向いて頼み込むのは当然としても、頼み方には工夫が必要だ。

「お願いします。なんとかならないでしょうか」とやみくもに頼んでみるというのは、あまり意味のあるやり方とはいえない。相手の心を動かすためにはポイントがあるのだ。

まず、とにかくへりくだり、相手を立てよう。「お知恵を拝借したい」「お力添えいただきたい」などというフレーズで、「他の誰でもなくあなたにしか頼めない、あなただからこそ頼みたいのだ」という気持ちを伝えるのがいいだろう。

また、「無理を承知でうかがいました」「身が縮む思いでお願いに上がりました」などと、相手の情に訴えるフレーズも効果がある。とくに役職が上の人間には、頼られると断れない親分肌の人も多いものだ。

頼みたい仕事が厄介であるほど、じつはこれらのフレーズが効果を発揮する。相手の自尊心をうまくくすぐることができれば、「それほど言われてはしかたがない」と思わせることができるのだ。

とうてい無理な状況と感じてもあきらめるのは早い。言葉ひとつで相手の心を動かして、難しい局面を乗り切ることができるのである。

来客を「お連れする」って言い方、間違い？

来客を案内する際、つい口にしてしまいがちなのが「○○様をお連れしました」というフレーズだ。

どこが悪いのかと思うほどよく使われている言い方なのだが、これはあまりおすすめできないのである。

この場合の正解フレーズである「○○様をご案内いたしました」という言い方と

比べてみよう。

「連れていく」と「案内する」という言葉を比べれば、客側が受ける印象がだいぶ違ってくるのが理解できるだろう。

「連れていく」のほうは、連行されるとか連れまわされるといった印象を受けてしまう。一方で、「案内する」には丁寧にもてなされているようなイメージが湧くだろう。

「お連れする」というのも絶対悪いというわけではないのだが、受け手の印象をよりよくするためという観点から考えれば、どちらの言い方がいいのかは明白だ。

ケースバイケースで正解は違うものだし、その正解もひとつではないところが、敬語の使い方の難しいところだ。

ただひとついえるのは、相手の気持ちや立場に立って考えれば、おのずと正解が見えてくるということだろう。

ビジネスシーンであってもプライベートであっても、人間関係の基本は想像力と思いやりということにつきるのである。

添えるだけで好感度が上がる「お断り言葉」って？

たとえば、「○○さんも、コーヒーいかがですか？」と聞かれたとしよう。「あ、けっこうです」で終わってしまったら、ちょっとぶっきらぼうな感じを与えてしまうはずだ。せっかくの好意で聞いてくれたのに、不愉快な思いをさせてしまいかねないだろう。

そんな時「今はけっこうです。どうもありがとう」と言えば、ずいぶん印象が違うはずだ。ありがとうという感謝の言葉をひと言添えるだけで、受け手の印象は天と地ほども違ってくるのである。

とくに上司や取引先などの誘いを断る時は、「ぜひご一緒したいのですが」「せっかくの機会なのに残念です」という残念な気持ちを表わす言葉を添えるといいだろう。

加えて、「また機会があったら誘ってください」などと言っておけば、不快感を与えることも少なくなるはずだ。

相手の問いに対してイエスかノーだけで返答するのではなく、ひと言添えるというやり方は、さまざまな場面に応用できる。

「あの件はどうなりましたか？」と問われた時、「知りません」だけではなく、「私ではわからないのですが、○○さんに確認してみます」というように、質問の意図をくんでひと言添えることを心がけておけば、コミュニケーションのスキルはぐっとアップするのである。

敬称の1つ「殿」は、どんな時に使えばいい？

日本語の敬称はかなり数が多い。「先生」「様」「社長」「部長」「係長」「御中」「さん」「君」などがあるが、その中でも使い方を勘違いしている人が多いのが「殿」である。

じつは、殿は目上の人が目下の人に使う敬称で、目上の人に使うのは失礼にあた

るのである。

「お殿様」の殿だから一番エライ人に使うのだろうと考えても無理はないが、実際はまったく違うのだ。

そもそも現代では殿を使う機会は減少しており、圧倒的に様が使われることのほうが多くなっている。

様はすべての人への敬称であり、目上や目下、男女など親しい度合にかかわらずに使える万能選手だからだ。

ちなみに、主な敬称の使い方は次のようにまとめられる。

会社や部署に対しては「御中」、役職名には「殿」、個人には「様」、対象が大勢の場合は「各位」となる。

ただし、役職名に殿を使うのは、あくまでも社内的な文書である場合に限られるので注意したい。

さらに「○○部長殿」だと、部長という敬称に「殿」という敬称を重ねた二重敬語になってしまうため、「人事部長○○殿」と「役職名」+「名前」の後に殿を書くのが正解なのだ。

絶対に使ってはいけない「お悔やみ言葉」とは？

ＴＰＯに合わせた言葉の使い分けは大人でも難しいものだが、それでもビジネス用語や結婚式の祝辞の類なら、あらかじめ練習を重ねればすむ話である。

その点、最も難しいのは不意の弔事の時のお悔やみの言葉だ。

これぱかりはリハーサルをするわけにはいかないし、間違えたからといって笑ってごまかすこともできない。

そこで、いくつか最低限のポイントを抑えておこう。

まず、お悔やみの言葉はむしろ言葉少なであるほうが場にふさわしいといえる。「このたびはご愁傷様です」と切り出したら、そのあとは「あまりに突然のことで……」とか「なんと申し上げればよいのか」と、語尾をぼかすほうがかえって故人を悼む気持ちが伝わりやすい。

逆にタブーなのは「ますます」や「くれぐれも」といった重ね言葉や、「気を落

とさずがんばって」のような、遺族にプレッシャーをかける無責任な励まし方だ。

弔意を無理に表そうとして余計な言葉を発するよりは、言葉に詰まってうまく声をかけられないくらいのほうが気持ちは伝わるものだ。

あくまでも遺族の悲しみに寄り添うのが大事なのである。

「できません」「わかりません」…をいい印象で伝えるには？

外国人がよく日本語が難しいとしてあげるのが、同じ意味でもいくつもの表現方法がある点だという。

そのわかりやすい例の1つが、「できません」の言い換えである。

たとえばレストランで「このセットにコーヒーつけてもらえますか？」と頼んだ時、いきなり「できません」と言われるとあまりいい気はしないはずだ。

そこで、「いたしかねます」と言われたらどうだろう。「そうか、それならしかたない」と素直に納得できるのではないだろうか。

いうまでもないが、「できません」は否定形である。多くの人は、否定形で何かをいわれると自分自身が否定された気分になり、不快感を覚えるものだ。

だが、「いたしかねます」とあえて肯定形にすると、言われたほうは何らかの事情があってできないんだなと、相手の立場を思いやる余裕さえ出てくる。それはやはり肯定形であるがゆえである。

「わかりかねます」などにも同じ効果があるので、ぜひすんなり口から出るようしておきたいものだ。

初対面かどうか忘れてしまった相手への挨拶は？

人間の記憶力には限界がある。道ですれ違った人に対して、どこかで会ったような気がするが……、と思うことはよくあるものだ。

これがほんのすれ違いざまであればそのまま通り過ぎてもあまり問題はないが、ビジネスの場となるとそうはいかない。

たとえばパーティの席などで、かすかに見覚えはあるがどうも記憶が定かではないという人に会ったとしよう。このような場合、「どこかでお会いしましたっけ？」など相手の顔をまじまじと見つめるのは無礼千万だ。

どうしても相手のことが思い出せない時は、軽く会釈しながら「○○でございます」と名乗り出てみよう。この言い方なら「私のことを覚えていらっしゃいますか？」という意味合いを含むことができるからだ。

それに対して相手から何もリアクションがなければ、初対面である可能性が高いので「初めまして」とあいさつを交わせばいいし、相手がこちらを覚えていたら「ご無沙汰しております」と続ければいい。

「○○と申します」と名乗ると、初対面のようなあいさつになってしまう。相手がもし自分のことを覚えていたら、「はい、以前にもお会いしましたね」となってバツが悪い。くれぐれも名乗り方を間違えないようにしよう。

常識その11　人づきあい

やってはいけない
手土産の
３つのタブーとは？

An Encyclopedia
of Common Sense
Adults Need to Know

玄関で靴を脱ぐ時、どちらを向いて脱げばいい？

家や座敷に上がる時に靴を脱ぐのは日本の習慣だ。当然、その際にも気をつけるべきマナーはある。

訪問先を訪ねたら、まずは玄関で挨拶をする。「どうぞ」と勧められてはじめて家に上がることになるが、この時靴はどのように脱げばいいだろうか。

けっこう多いのが、脱ぐ時にくるりと後ろ向きになり、そのまま後ずさりするように上がるというパターンだ。

確かにこうすると、靴を脱いだあとにわざわざしゃがんで靴の向きを直す必要はない。

じつはこれ、マナーとしてはいただけない行為なのだ。

その理由は、訪問先の人、つまり家の中にいる相手にお尻を向けることになるからだ。

正しくは、正面を向いて靴を脱いで上がり、相手に尻を向けないよう床に膝をついて斜めに座り、靴をそろえてつま先をくるりと玄関のほうに向ける。

ちなみに、数人で訪問した場合は、1人ひとりが順番に靴をそろえるよりも、最後に脱いだ人が全員の靴をそろえたほうがスマートだ。

訪問先でコートを脱ぐのはいつがいい？

冬場はスーツの上からコートやマフラーを着用することが多いが、取引先など訪問先ではどのタイミングで脱ぐのが適切かご存じだろうか。

それはズバリ、訪問の直前である。

ドアをノックして直接部屋に入るようならドアの前で、オフィスの受付を通して面会を求めるなら受付をする前に脱いでおき、きれいにたたんで腕にかけて持っておくのである。

ときどき、コートをあらかじめ脱いでおくのはマナー違反だという人がいるが、それは欧米のビジネスマナーである。靴を脱ぐ習慣がない欧米では、コートを脱ぐことが入室のサインになる。そのため、先にコートを脱ぐと「早く中へ入れろ」と催促しているようにもとれるのだ。

しかし、日本では前もって脱いでおくのが一般的な常識である。

コートについている外のほこりなどを室内に持ち込まないという配慮から、敷居をまたぐ前に脱いでおくのだ。

実際に、春先などは花粉を気にする人も多いので、室内に入る前に脱いで軽く払っておいたほうがいい。

コートやマフラーを着用したままでは、いくら丁寧に振る舞っても常識を疑われかねないので気をつけたい。

訪問先で待つ間にしてはいけないタブーとは?

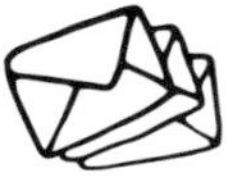

「品格」という言葉が見直されて久しいが、誰も見ていないところでどんな振る舞

いをするかも、品格のあるなしにかかわる大切なことではないだろうか。

たとえば、取引先の企業を訪問した際、担当者が電話中のために応接室でしばらく待たされることがある。

こんなとき人目がないからといって気を抜いていると、思わぬ失態をさらしてしまうことがある。

なかでも意外とやってしまうのが、すすめられる前に上座に座ってしまうことである。たしかに訪問先では自分が上座に座ることになるが、自ら座るのはいささか品のない行為だ。

担当者が来るまで立ちっぱなしで待つ必要はないが、座るならあえて上座以外の席を選ぶべきである。

同じように勝手にコート掛けやハンガーを利用するのもいただけない。

着たままで待つのは論外だが、すすめられるまでは、ひざやカバンの上に置いておく。

また、空いているイスに荷物を置いたり、勝手に資料を広げたりするのも避けたほうがいい。

そうした行為は担当者が部屋に入ってから行うべきで、それまでは静かにじっと待つようにしたい。

家を褒めるときのポイントってある？

上司や友人の自宅に初めて招かれた時に、大人の礼儀作法として知っておいたほうがいいのが「家」の褒め方である。

自宅にわざわざ招待するということは、少なからず自分の家に誇りを持っているということだ。持ち家ならなおさらだから、褒めるポイントを押さえておけば相手の自尊心を満足させることができる。

まず、客を自宅に招く前にはどこの家でも必ず掃除をしているはずだ。「手入れが行き届いていて、居心地のいいご自宅ですね」と褒めるだけでも、相手は嬉しく感じることになる。

さらに、パッと見てインテリアに凝っているなら家具などを褒めればいいし、最新のシステムキッチンが設置されていたら、台所を褒めればいい。どこか一点でもこだわりのある部分を見つけて褒めれば、「このソファはイタリア製で……」などと自ら自慢を始めるだろう。

褒めるポイントが見つからなければ、「駅から近くて便利ですね」でもいいし、駅から遠いなら「閑静で住みやすい環境ですね」など、なんでもいい。

それでも、褒めるところがないようなら「実家に雰囲気が似ていてくつろげる」などでもかまわない。初めて訪問した時には、とにかく家を褒めることが招いてくれた相手への心遣いなのである。

手料理を褒めるなら どのタイミング？

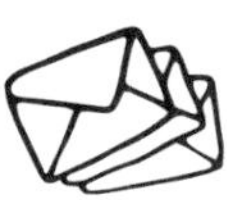

ホームパーティや友人宅での食事会に招かれた時に、テーブルマナーの次に心得ておきたいエチケットがある。それは料理を褒めるということだ。

招待する側は前もってメニューを考え、準備して手料理を出している。だから、こちらもただパクパクと食べていればいいわけではない。

最初に褒めるタイミングは、料理がテーブルに運ばれてきた時である。ここで盛りつけなどの「見た目」を褒める。

「サラダの彩りがきれいですね」とか「お皿と料理がマッチしていて、おしゃれなカフェみたい」などといって、盛りつけのセンスの良さを褒めよう。

続いて、「匂い」を褒める。「食欲をそそる匂いですね!」や「このいい香りは、なんのスパイスですか?」などと、匂いを褒めることで、料理を目の前にして待ちきれないという雰囲気をつくりあげていく。

そして、「味」を褒める。味に関しては、あまりグルメっぽいことをいうと嫌味に思われることもある。「塩加減が絶妙ですね!」とか「よく煮込まれていておいしい!」とか、月並みな褒め言葉を並べるのがおすすめだ。

最後は、「おいしすぎて満腹です」とボリュームも足りたことも伝えれば、相手も腕をふるった甲斐があるというものだ。

「座布団」には前と後ろ、表と裏があるって知ってた？

客として和室に通されたら、たいてい上座に座布団が用意されているが、かといっていきなり座るのはマナー違反だ。

じつは、いきなり座っていいのは葬儀の焼香の時くらいで、最初は座布団の横に座るのが正しい。

まずは畳に正座して挨拶し、訪問先の家の人から「どうぞ」と勧められてから「失礼します」といって静かに座布団をあてるようにする。

この時、変な気遣いから座布団を持って勝手に下座へ移動するのはよくない。あらかじめ座布団が部屋に用意されている場合は、黙ってそこに座るのが礼儀である。

また、自分で座布団をひっくり返したり裏返しにしたりするのもマナー違反だ。

座布団はシンプルな形をしているが、じつは正面もあれば、裏表もある。

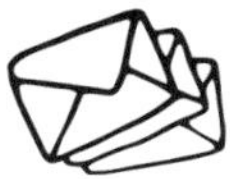

よく見ると、座布団には一辺だけ脇に縫い目がなく〝輪〟になっている部分があるが、こちらが正面である。そして、座布団の中央についている「しめ糸」がフサフサしているほうが表になる。

このように、一見、何の変哲もない座布団にもきちんと前後と表裏がある。

客として訪問した際にはもちろん、もてなす立場になった時にも役に立つので覚えておこう。

最も大切な客が座る位置は、部屋のどこ？

自宅で家族と食卓を囲む時などは、誰がどこに座るか、だいたい定位置が決まっているものだ。

いつもと違う場所に座ると、なんとなくお尻がむずむずして落ち着かないこともあるだろう。

家族の間にはこうした暗黙の了解があるが、では、自宅に招待した客にはどう座ってもらうのがいいのだろうか。

気の置けない友人なら「適当に座って」でもかまわないが、客の中に上司や目上の人などが混じっていた場合には心得ておきたいルールがある。

部屋の中では、入り口から一番離れている場所を上座、入り口に一番近い場所を下座と呼ぶ。

最も大切な客は、この上座に座ってもらうのが基本だ。

床の間はたいてい部屋の奥まった場所に作られているので、和室に通すなら床の間を背にした席が上座になるだろう。

洋室に通す時も、基本的には入り口から遠い席が上座になる。

ただし、長イスと1人掛けのひじ掛けイスという応接セットが置いている場合には長イスのほうが上客の席となる。

客を招き入れた時は、「どうぞこちらにお座りください」と、上座へ案内する心遣いを忘れないようにしたい。

やってはいけない手土産の3つのタブーとは?

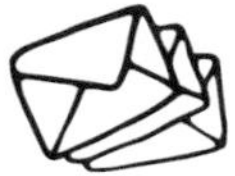

出張で取引先に出向く時には、やはり手土産は必需品だ。特に初めての交渉やお詫びの訪問などの緊張するシーンでは、手土産は場の空気を和らげる重要なツールにもなる。だが、その手土産も一歩間違えれば逆効果になり、相手にいい印象を与えないこともある。

失敗例として意外と多いのが、訪問先の近辺で手土産を買うというケースだ。出張であれば、これはなおさら言語道断な行為だ。たとえば、東京から大阪へ出張するのに、先方に大阪名物を持参するというのはなんとも失礼な話である。「東京で用意し忘れたから、慌てて大阪に着いてから買った」と、先方が不快に感じてもおかしくはない。

これは遠方への出張でなくても同じことで、訪問先の近くで手土産を買うのは場当たり的に受け取られるのでやめたい。

また、ロールケーキなど切り分けを必要とする菓子などは、忙しい先方の手を煩《わずら》わせる可能性もあるのでこれもやめておいたほうがいいだろう。さらに、営業部など外出する人が多い部署に、日持ちのしない生菓子を持っていくのもよくない。

こういったことを踏まえると、手土産は日持ちがして小分け包装されている菓子類が無難といえるだろう。

自宅に訪問した時に、手土産を渡すタイミングって？

手土産を持参するなら高級品でなくても、相手に喜ばれそうなものを選んで挨拶代わりにするのが大人のたしなみというものだ。渡す時には「ほんの気持ちですが、よろしければみなさんで」とか「地元の銘菓ですが、お口に合うかどうか」などのフレーズが適当だろう。

「つまらないもの」と謙遜されるよりも、このほうが心を込めて選んでくれたことが伝わるので相手も気持ちよく受け取れるはずだ。

渡すタイミングは玄関ではなく客間に通されてからにする。

きちんと正座した状態で手土産を入れてきた紙袋から出し、その紙袋はたたんで自分で持ち帰るのがエチケットである。

また、先方で一緒に食べるつもりでケーキなどの生菓子を持っていったとしても、よほど気心が知れた関係でない限り「一緒に食べようと思いまして」などと口にするのははしたない行為だ。

察してくれる相手なら「お持たせですが」といって出してくれるが、こちらから催促するのは筋違いである。

こうした訪問のマナーにはその人の品格が出やすい。緊張しすぎるのもよくないが、大人として最低限の礼儀は守るようにしたい。

手土産を受け取る時の作法とは？

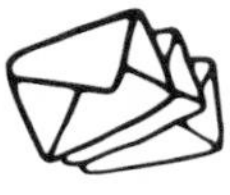

自宅に友人などを招いた時に迷ってしまうのが、頂いた手土産をどうしたらいい

かということだ。

客の目の前で開けたらいいものか、手土産が菓子などの場合はそれを相手に出していいものか。

もし客が手土産を持ってきてくれたら、まずは感謝の気持ちを伝えながら両手で丁寧に受け取ろう。

「気を使わないでください」などの遠慮の言葉を口にする人もいるが、あまりに遠慮し過ぎると相手に失礼になるので、素直にお礼を伝えるほうが印象はいい。

挨拶している間は上座などに丁重に置き、包装紙などから中身が食べ物だとわかるときには、そのあとでキッチンなどに移すようにするといい。

食べ物ではなさそうな場合は、客が気心の知れた友人なら「開けてもいい？」と承諾を得てから、その場で開けてもいいだろう。

そうすれば「こんなに素敵なものをありがとう！」と、頂きものをその場で褒めることができるうえ、贈るほうも満足する。

食べ物ならキッチンで開けたあとに、「お持たせですが」といって相手に出すのが一般的なマナーである。

もちろん、食べる時にも「おいしい！ありがとう」などとお礼を忘れないようにしよう。

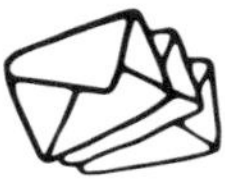

日本人ならではのコーヒーカップのおもてなしって？

喫茶店などで「お待たせしました」と運ばれてきたコーヒーの取っ手をわざわざ左側にして置かれると、店員教育の行き届いた店だなという気がする。

気持ちの問題だけではない。実は「コーヒーカップの取っ手を左側にする」というのは日本で生まれたひとつの作法で、正式なマナーなのだ。

その元になったのは茶道である。茶道では客に茶碗を出す時、茶碗の正面を客に向ける。客は茶碗をぐるりと半回転させ、正面が相手側を向くようにして飲む。「茶碗を回す」というのが正式な茶道の作法なのだ。

日本で明治時代にコーヒーを飲む習慣が根づいた時、これを元にしてコーヒーのマナーが考え出された。右利きの人は右手でカップを持つのが自然である。だから、取っ手を左側にして出されたカップを、右手で半回転させ、そのまま右手で持って飲む、というのが作法とされたのだ。

ちなみに、スプーンは右側に持つほうを向けて置く。右手でスプーンを持つ人が多いからだ。

ただし最近では、取っ手は右側を向ける、とするマナーもある。砂糖やミルクを入れないのならそのほうがすぐに持てるからだ。マナーも時代とともに変化しているのである。

訪問先から帰る時に気をつけたいマナーって?

取引先の会社を訪問した時に、見落としがちなのが帰り際の作法である。

たとえば、打ち合わせが終わったあとは先方がエレベーターホールまで見送ってくれることが多いが、会社の玄関や外まで見送ろうとしてくれる場合は、こちらから辞退するのが常識的だ。

「お気遣いはいりません。お忙しいでしょうから、こちらで失礼させていただきます」と、相手の配慮に感謝を示しつつ、丁重に見送りを断るといいだろう。

それでも相手が外まで見送りに来てくれる場合には、意固地に辞退するのも失礼なので「ありがとうございます」や「恐縮です」といって好意を受けるといい。

一方、エレベーターホールで見送ってもらうことになったら、エレベーターに乗り込んで扉が閉まる前に相手の目を見てしっかりとお辞儀をしよう。

扉がしっかりと閉じるまで頭を下げているようにすると、礼儀正しい人だという印象を与えることができる。

また、冬場はコートを手にしている場合もあるだろうが、エレベーターホールで着るのはNGだ。外に出るまでは着ないで、手に持っているのがマナーである。

打ち合わせが終わると気が緩みがちだが、先方の会社を去るまでは失礼がないように細心の注意を払おう。

知り合いが入院したら いつお見舞いに行くのがベター？

知り合いが入院したと聞くと、心配ですぐにも飛んで行きたくなるものだが、何の連絡もせずに入院直後に見舞うのは禁物だ。

なぜなら、入院直後は相手の具合が悪いのはもちろん、検査や手術など治療が集中する。本人も家族も忙しいなか、見舞いに来られても対応に困ってしまうにちがいない。お見舞いというのはタイミングが大事なのである。

また、入院直後以外で避けたほうがいいのは、病状が安定していない時、つまり手術の直前や直後、本人が面会を望んでいない時などだ。

「本人が見舞いを望まないなんてことがあるのか」と思うかもしれないが、体力が落ちている時に人に会うのは疲れるものだし、やつれた姿を見られたくないということもある。

何よりも本人の気持ちを尊重しなければならないのだ。

見舞いに行きたいという時は、必ず家族に連絡をとり、見舞いに行っても大丈夫な状態か、本人の意向はどうかを確認することだ。そのうえで、面会時間を尋ね、決められた時間内に病院を訪ねよう。

病気見舞いは焦って行くよりも、遅れたほうがタイミングがいいこともある。入院している本人やその家族の負担にならない時期を慎重に選ぶことを心がけたい。

封筒の表に書く「親展」の正しい意味は？

恋人同士や夫婦の間ではよく「携帯のメールを勝手に覗いた」といってケンカになったりすることがある。

この行為をとがめられて「怒るのはやましい証拠」などと開き直る人もいるが、相手が嫌がるのであれば、プライバシーの侵害といえるのではないだろうか。

ところで、手紙にもこれと同じようなマナーがある。

誰でも一度は「親展」と書かれた郵便物を受け取ったことがあるだろう。

これは「外脇付《そとわきづけ》」と呼ばれるもので、「親（みずから）」「展（あける）」という意味がある。

つまり、宛先の人に対し「自分で開封して書類の中身を確認してください」という印なのだ。

銀行からの郵便物や病院の検査結果など、個人のプライバシーにかかわる内容の郵便物に多くみられるもので、これが書かれている場合はたとえ家族でも封を切らないのが礼儀である。

仕事で書類を出す時なども、封書の中身を相手以外に見られたくなければ、手書きでいいので赤ペンで「親展」の文字を入れて送るようにしよう。

たったそれだけで、その封書は〝秘密の文書〟になるのだ。

肩書きが多い人の宛名、どこに「様」をつける？

社会に出れば一度は経験するのが、仕事の資料や請求書などを郵送する時の宛名書きだ。

友人に出す年賀状などとは違い、そこには明確なルールがあるので頭に入れておきたい。

仕事で使う封書の特徴といえば、住所と社名にはじまり、部署名や肩書き、そして氏名と、とにかく表書きとして書く情報が多いことだ。

とくに手書きの場合はどのようにバランスをとればいいか悩むところだが、住所も部署名もキリのいいところで改行して、真ん中に氏名がくるようにレイアウトする。このとき、氏名をやや大きめに書くと全体が引き締まる。

たまに株式会社を（株）と省略して書く人がいるが、これは相手を軽んじている印象を与えるのでやめたほうがいい。

相手が企業や部署宛なら社名の下に「御中」と入れよう。

また、個人名に「部長」などの肩書きを入れる場合は、役職名を氏名の前に置き「○○部長 山田太郎様」とする。「山田○○部長様」という表現は敬称が重複するので正しくない。

あらたまった文書は「封」あるいは「緘《かん》」の文字で封締めすると、より丁寧になるので覚えておくといい。

宛名を連名で書く時は「様」を何個書けばいい？

いずれは、日頃お世話になっている人から結婚や出産などのお祝いをもらうこともあるだろう。

お祝いをもらったらひと言お礼を言うのが常識ではあるが、このような人生の大きなイベントでのお祝いの場合は、口頭ではなく手紙で礼状をしたためることをおすすめする。

昨今は何でも携帯電話やメールですませる傾向にあるが、こうした節目のときくらいは改まった形で感謝の気持ちを表したいものだ。

ところで、お礼の手紙を出す際の宛名が夫妻である場合、名前は両方書いているのに「様」はひとつに省略して書く人がいるが、これは間違いである。

たしかに夫婦は世帯としては1組だが、名前はあくまで個人のものだ。

様をひとつしかつけないということは、もう一人は呼び捨てにしているようなものなので失礼きわまりない。

これは年賀状や招待状でも、また縦書きか横書きかを問わずに同じことがいえる。

ちなみに、「山田一郎様」と書いたうえで横に「奥様」とするのはマナー違反ではない。

相手が家族全員であれば「山田家ご一同様」といった書き方にしても失礼にはあたらない。

「拝啓」「謹啓」「前略」…どれをいつ使えばいい？

きちんとした手紙やビジネス文書を書く時には、頭語と結語、時候や安否のあいさつのように知っておかなければならないルールがある。
そもそも手紙とは、前文、主文、末文の3つのパートから成り立っている。
前文は頭語、時候の挨拶、安否のあいさつの順に構成されており、前文でひと通りの挨拶をすませてから主文に入るようになっている。

以下が前文の例である。

「拝啓、早春の候、貴社ますますご清栄のこととお喜び申し上げます」

この前文で頭語に当たるのが「拝啓」だ。頭語には他にも「謹啓」「拝復」「前略」などがある。

時候と安否の挨拶は、手紙の書き方のマニュアル本などを見ればTPOに合わせた言い回しがたくさん出ているので、それらを参考にするといいだろう。

ただし頭語に「前略」を使う時は、読んで字のごとく「前文を略す」で「挨拶をすべて省略して本文に入ります」という意味を含んでいるので、時候と安否の挨拶を書く必要はない。

また、時候の挨拶が思い浮かばない時は、「時下」で省略してもかまわない。

前文が書けたらいよいよ手紙の本題である主文だ。前文から主文に移る時は行を改めて、「さて」「このたび」「さっそくですが」などでつなぐとスムーズに本題へと導くことができる。

末文もマニュアル本にしたがって「取り急ぎ、お知らせ申し上げます」、「今後ともより一層のお引き立てをお願い申し上げます」などで無難に締めくくろう。

そして、末文の次に来るのが前文の頭語に対応する結語だが、じつは頭語と結語とは決まった組み合わせがある。

「拝啓」には「敬具」を、返信の時の「拝復」にも「敬具」を使う。

また、改まった場合の「謹啓」には「謹白」か「敬白」を、そして「前略」には「草々」を組み合わせるのが最も一般的である。うっかり間違った組み合わせで使わないよう注意したい。

何人かで祝儀袋を出す時、名前はどう書く？

仕事仲間や同じ会社の同僚などの慶弔には、何人かでまとめてお祝い金や香典を出すことがある。

その時、のし袋の表書きをどのように書くかは悩むところだが、これにはいくつか書き方のパターンがあるので丸ごと覚えてしまおう。

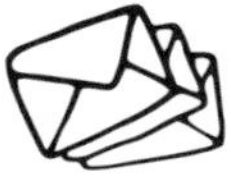

まず、個人名を書く場合は3人までとし、立場や年齢が上の人の氏名を真ん中に書き、その他の人はその左横に順に並べて書いていく。

4人以上であれば代表者1名を書き、横に「他○名」や「外一同」と添えて、別紙に全員分の氏名を書いたものを同封するのが一般的だ。

また、日頃から交流がない相手や、同姓同名が多いと思われる名前の時は、社名を併記するのが望ましい。

その場合は、社名を氏名の右横に少し小さい文字で書くといいだろう。

また、部署全員で出す場合は「株式会社○○　営業部一同」とし、別紙に全員の氏名を書いたものを同封する。

ところで、このような表書きは、つい字の上手い下手を気にしてしまいがちだが、それだけは一朝一夕でどうにかなるものではない。

それよりもできるだけバランスよく、一字一字を丁寧に書くことが大事だ。

お中元とお歳暮はどちらも贈るべき?

夏のお中元を贈ったら、やはり年末のお歳暮も贈るのがマナーのような気もするが、一般にはどちらかを贈ればいいとされている。

そもそもお中元もお歳暮も、日頃からお世話になっている人へのお礼の意味合いで贈られるもので、誰かに必ず贈らなければならないというものではない。

ひと昔前であれば上司や会社関係、仲人、恩師、両親、義父母などに贈るのが一般的だったが、最近では兄弟や友人に贈るという人もいる。

忙しくてなかなか会えない人への挨拶代わりとして利用されているのだ。

では、お中元とお歳暮、どちらを贈ればいいのかというと、それもどちらでもよい。特にどちらかが大切とか重要というわけでもないので、相手と自分の都合に合わせればいいのだ。

ただし、「お中元」と決めたらお中元を、「お歳暮」と決めたらお歳暮を毎年贈るようにしたい。

時期が定まっていないと、相手もお返しなどの予定が立てにくいからだ。

また、贈るものは相手の嗜好に合わせたものを選びたい。

お酒が一滴も飲めない人に高級ブランデーを贈ったところで、もとから喜ばれないのは目に見えている。

喪中の人にお中元やお歳暮を贈ってもいい？

喪中の相手に年賀状を出さないのは常識だが、お中元やお歳暮となると贈っていいものかどうか迷うところだ。

贈り物には、「めでたい」とか「楽しい」というような雰囲気があるような気がして控えたほうがいい気もするが、これは贈っても問題ない。もともとお中元やお歳暮は、日頃の感謝の気持ちを表すもので、お祝いではないからだ。

といっても、相手が喪中であることを考えれば贈物にのしや水引をつけないのは当然だ。無地のかけ紙をして、包装も派手にならないような気遣いができれば、なおいい。ただし、先方が四十九日前の時だけは控えるようにしたい。

まだ悲しみの癒えていない相手を思いやるという意味もあるが、この時期は葬儀の後始末やら納骨の準備やらで、遺族はけっこう忙しいものだ。

お礼状などの余計な面倒を増やさないためにも、忌明《いみあ》け（四十九日後）を待ってから贈るようにしたほうがいい。

だが、お中元やお歳暮は季節ものでもある。忌明けを待っていると、時期をはずしてしまうということがある。

そんな時は、お中元なら「暑中見舞い」、お歳暮なら年明けの松の内が過ぎてから「寒中見舞い」として出すようにしよう。

出産祝いをもらったら何をお返しすればいい？

子どもが生まれた時には、いろいろな人から出産祝いをいただくが、そのお返し

は「内祝い」と呼ばれている。

内祝いを贈る時期は、赤ちゃんの生後1カ月、ちょうどお宮参りの頃が目安だ。金額的には、いただいたお祝いの半額～3分の1程度が基本だが、一律に2000円とか3000円としてしまってもかまわない。

というのも、お祝いが高額だった場合には、お返しも高くなってしまい、かえって相手を恐縮させてしまうからだ。

そんな時は、お返しとは別に丁寧なお礼状を出すのが気がきいている。のし紙は「内祝い」とし、水引の下には子どもの名前を入れる。品物はタオルセットやコーヒーや紅茶、お菓子、ギフトカタログなどが人気のようだ。お祝いのお礼と赤ちゃんの様子などを記したカードを添えるのもいいだろう。

新築祝いに持っていってはいけないタブーアイテムとは?

新築祝いは、必ずしなければならないという類のものではない。もともとは親し

い間柄の人から新居に呼ばれたら、お祝いを持って行ったというものである。

もちろん現在でも原則的にはこれに従えばよく、新築披露に呼ばれたらお祝いを贈ればいいだろう。その時に持参してもいいし、大きなものならその日までに届くように手配するといい。

しかし、お互いに忙しいと、なかなか新居に招く機会がないということも考えられる。そんな場合には、友人から新居を構えたという知らせが入った時に贈るようにするといい。では、どんなものを贈ったら喜ばれるのだろうか。

新築と聞くと、すぐにインテリアが思い浮かぶが、これは考えものだ。どんな部屋なのかわからないまま贈るのでは、相手の趣味や部屋の雰囲気にあわないこともあるからだ。どれほど高価な品物でも、自分の好みにあわなければ扱いに困ってしまうものである。

また、新築祝いには火に関するものを贈ってはいけないというタブーがある。火は火事を連想させるため、いくらおしゃれなものでもライターや灰皿は避けるようにしたい。

常識その12　冠婚葬祭

結婚式や葬式の「水引」は、ズバリどう選ぶ？

An Encyclopedia of Common Sense Adults Need to Know

結婚式や葬式の「水引」は、ズバリどう選ぶ?

冠婚葬祭に欠かせないものといえばのし袋だ。結婚式などの〝ハレ〟の日に使うものと、お葬式などの〝ケ〟の時に使うのし袋の大きな違いは水引だが、その色と形にはそれぞれ意味がある。

まず、水引は結び方に特徴があり、大きく「結び切り」か「蝶結び」のふたつに分けられる。

結び切りは結び目が固くほどけないため「二度と繰り返さない」という意味を持つ。したがって結婚や葬儀、お見舞いにはこちらを使う。ちなみに真ん中に輪をふたつつくり、結び目を固くした「あわじ結び」も結び切りの一種である。

色は結婚祝いが紅白か金、香典は白黒や銀になる。お見舞いの場合は紅白でもいいが、抵抗があれば水引は省略してもいい。火事や災害のお見舞いに関しては、水引はつけずに白無地の封筒のみを用意しよう。

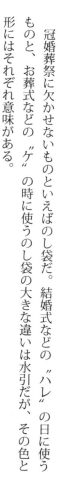

一方、蝶結びは結び目が簡単にほどけるため、何度あってもうれしいお祝い事に使われる。たとえば出産祝いや七五三のお祝い、新築祝いなどで、ほかにお中元やお歳暮といった一般的な贈答にも適しており、色は基本的に紅白のみとなる。

地方によって冠婚葬祭の儀式に違いがあるように、水引にも地域ごとの風習があったりもするが、結婚と葬儀に関しては結び切りを選べば間違いはない。

結婚式にはどんな服装で出席すれば失礼がない？

格式の高いホテルなどでの披露宴に招待されたら、やはりそれなりの服装で行かなくてはというプレッシャーを感じてしまうが、だからといってタキシードや留袖《とめそで》で出かけるのはＮＧだ。
じつは、男性のモーニングやタキシード、女性の黒留袖といった正礼装を身につけていいのは、新郎新婦の親や兄弟、親戚といった近親者だけと決まっている。
友人や知人の披露宴なら、男性はブラックスーツに白いネクタイ、女性はワンピースが基本だ。格式高い雰囲気を出す場合は、男性なら黒いジャケットとストライプのズボンを合わせたディレクターズ・スーツで、女性なら小振袖や訪問着などの着物がいいだろう。

お気に入りのダークスーツがあればそれを着てもかまわないが、仕事の時と同じ印象にならないように、シャツやネクタイを工夫しておしゃれに着こなしたい。また、女性は昼間のパーティーの場合、光りモノのアクセサリーをつけたり、肌を露出した服装を避けるというのが基本だ。

午後4時以降の披露宴なら、光る素材やキラキラのアクセサリーもOKだが、主役はあくまでも新郎新婦。着飾りすぎて新婦より目立ってしまった、などということのないようにしたい。

「仲人」と「媒酌人」いったい何が違う？

まだお見合い結婚が一般的だった数十年前までは、「仲人《なこうど》」や「媒酌人《ばいしゃくにん》」がさま

ざまな世話をしてくれたものだ。

だが、今では教会で挙式をしたり、人前式などのように形式にとらわれないスタイルも増えている。

ところで、この仲人と媒酌人の違いをきちんと説明できる人は少ないのではないのだろうか。

仲人と媒酌人は本来は別物なのだが、仲人を引き受けてくれた人に引き続き媒酌人をお願いすることが多かったので混同されやすいこともあるようだ。

お見合いから結婚までの世話をするのが仲人で、結婚式当日に立ち合うのが媒酌人、と役割で呼び名が違ってくると覚えておくといいだろう。

かつて仲人は、2人の縁を取り持ち、結納の品を届け、両家の顔合わせにも同席した。

しかし、見合い結婚が減り、結納や結婚式、披露宴のスタイルもさまざまになってきているため、仲人は頼まずに挙式当日だけの媒酌人を頼むケースも増えている。

媒酌人は結婚式に立会い、誓約の証人になる。また、披露宴では式を報告するのがその役目になる。

もし部下や後輩に媒酌人を頼まれたら、しっかりと役割を果たしたい。

披露宴での乾杯はグラスをぶつけ合ってはいけない？

酒宴といえば、何はさておき「乾杯！」の掛け声とともに周囲の人とグラスを軽くぶつけ合うのがお約束だ。

ところが、同じ集まりでも披露宴のようなフォーマルな場になるとそうはいかない。作法もかなり異なるので気をつけたいものだ。

披露宴ならほぼ間違いなく、乾杯の音頭をとる人がいるので、まずはその人の挨拶に耳を傾ける。

いよいよ乾杯の段となれば、起立してグラスを軽く持ち上げる。

このとき、グラスの中身はシャンパンやスパークリングワインであることが多いので、グラスの細い脚の部分を持つようにしよう。

そして、くれぐれも覚えておきたいのは、周囲の人とグラスをぶつけ合わないのがマナーだということだ。

披露宴の乾杯はいわば祝杯である。ところが、ここで周囲の人とグラスを合わせると、グラスを合わせた相手に対する祝意になってしまうのである。

また、こういう場で出されるグラスは高価なので、ぶつけて傷がつくのを避けるという意味もある。

正しくは、グラスを目の高さに上げて笑顔で周囲と会釈をする。これがフォーマルな場での乾杯の仕方なのだ。

祝儀袋の金額を、壱、弐、参…と書くのはなぜ？

市販の祝儀袋や不祝儀袋を買うと、お金を入れる中袋が入っている。ここには受け取った側が整理しやすいように自分の名前と金額を記入するのだが、このとき、金額は「漢数字」で書くのがしきたりだ。
しかも、一、二、三ではなく「壱」、「弐」、「参」、千は「阡」、万は「萬」と書く

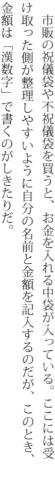

のが正式だ。

これは、ふつうの漢数字だと書き換えることができるといって嫌った昔の商売人たちの習慣の名残といわれている。

今は必ずしも昔の漢数字を使う必要はないが、金額の頭に「金」の一文字を入れるようにする。３万円を包んだら、「金参萬円」もしくは「金三万円」という具合である。

また、祝儀袋や不祝儀袋をそのままバッグやスーツの内ポケットに入れて持って行く人もいるが、きちんと袱紗《ふくさ》に包んで行きたい。

袱紗にも包み方があり、結婚式などのような慶事の場合は、袱紗の中央に祝儀袋を置いて、袱紗の角を「左↓上↓下↓右」の順でたたんでいく。

通夜や葬儀のような弔事の場合は、慶事と時とまったく逆に「右↓下↓上↓左」の順番で包む。

これは中国の陰陽道の影響があるといわれており、祝儀の包み方が「陽」、不祝儀は「陰」を表しているのだ。

お祝い金はなぜ「2万」はOKで「4万」はダメ？

20代や30代でお祝い金を贈るシーンとなると、やはり一番身近なのは結婚祝いだろう。結婚といえば人生最大の節目といわれるだけに、とにかくしきたりやタブーが多い。

日本一豪華な結婚式で有名な名古屋では、「戻る」にかけてトラックで婚礼タンスを運ぶ時にバックさせると縁起が悪いとされている。そのため、細い道で対向車が来た時などは相手にバックしてもらってでも、とにかく前進を死守する。それくらいすべてにおいてデリケートにコトが運ばれるのである。

そんなお祝いムードをぶち壊しにしないためにも、お祝い金にまつわるタブーは常識として知っておきたい。基本的に奇数は「喜数」といわれ、吉とされている。反対に、割り切れる偶数は別れを連想させるので縁起が悪いとされている。

さらに数字の「4」は、偶数であるうえに「死」を連想させることから絶対に避けるべき数字で、奇数の中でも「苦」に通じる「9」はどんな場合でもお祝いにふさわしくない。

逆に、偶数でも「2」は一対の意味にあたるので、結婚式でも失礼にはならない。友人への結婚式のお祝い金の相場は2万円というのも、金額的にも意味合い的にもちょうどいいのがその理由かもしれない。

結婚式の日に不幸があった、さてどうすればいい？

明日は友人の結婚披露宴に招待されているのに、急に親戚に不幸があった場合、いったいどちらを優先すればいいのだろうか。
結婚披露宴のほうは、数週間も前にハガキを出して出席の意思を示しているから、招待する側も料理や引き出物など、それなりの準備をしている。
それに比べると、弔事《ちょうじ》というのはしかたがないとはいえ、突発的に発生するものである。

ふつうの約束事であれば先に約束したほうを優先するので、披露宴に出席するのが筋という気もしないではないが、この場合は弔事、つまり通夜や葬式に出席するのが正解だ。

日本では、昔から「喜び事はあとに延ばす」といわれている。つまり、めでたいことは後々でもできるが、お悔やみ事は先には延ばせないという意味だ。

たしかに、披露宴に出席できなかった友人には、日を改めてお祝いを持っていくなど仕切り直す機会はいくらでもあるが、亡くなった人にお別れできるのはお通夜《つや》や葬儀、告別式の一度きりである。

あとになって「あの時は、友達の結婚式と重なっちゃって、参列できなくてごめん」と手を合わせるわけにはいかないのだ。

神社に納める「玉串料」「初穂料」って？

仏式で結婚式や葬式を執り行えば、お寺や僧侶には「お布施」を渡すのがしきた

りだ。

だが、これが神社であれば渡すのはお布施ではなく、「初穂料《はつほ》」あるいは「玉串料」となる。

初穂とはその年に初めて収穫された米のことで、神社ではこれを神前に供えるならわしがある。このお供えに代わる金銭が初穂料だ。

一方の玉串は榊《さかき》などの枝に紙垂《しで》をつけたもので、おもに礼拝などに使用される。初穂同様、神前への捧げ物の1つであり、やはりそれに代わる金銭が玉串料である。

一般的にはこの両者に大きな違いはないが、地域や神社によっては使い分けることもあるので注意したい。

たとえば、祈祷のあとに神社からお守りやお札を授けてもらうような場面では玉串料という言葉は使わない。

逆に、初穂は神様にお供えして感謝の気持ちを表す意味がある。

そのため、通夜祭や葬儀祭などで初穂料という表書きはふさわしくないとされるケースもある。

いずれにせよ、これらは神さまへ捧げる謝礼のようなものだ。中身の多い少ないにかかわらず、神聖な気持ちで納めるようにしたい。

なぜ、お通夜に包むお金を「香典」というようになった？

お通夜に参列する時に包むお金を「香典」というが、これはもともと仏様に捧げる花、水、線香、飲食などのことだった。

そのため、明治時代までは全国的に「食物香奠《こうでん》」が一般的で、金銭ではなく米や野菜を持ち寄っていた。

だが、時代の流れとともに、都市部から「金銭香奠」に変わっていった。

いずれにしても、何かと入り用の多い喪家《そうか》を相互扶助しようというのが香典というわけだ。

包む金額にはある程度の相場があり、職場関係や友人とその家族なら5000円、親戚の場合は1～3万円、兄弟姉妹は5万円、親は5～10万円といったところだ。

自分や配偶者に近い関係であるほど、その金額は高くなっているが、相互扶助のシステムだと思えば妥当といったところだろうか。

また、地域によって相場は異なり、関東から近畿にかけては他の地域より多めに包むことが多いようだ。

そもそも日本のムラ社会ならではのシステムなので、できるだけみんなと同じようにするのがいいとされる。

しかし、親しかった友人が亡くなったような場合は、相手の負担にならなければ少し多めに包んでも気持ちとして受け取ってもらえるはずだ。

香典返しに入っている〝お浄めの塩〟は使わなくちゃダメ？

お通夜や葬儀に参列すると、帰り際に「香典返し」を手渡されるが、その中に塩の入った小さな袋が入っている。いわゆる「お清めの塩」だ。

これは、「死」を「不浄のもの」と考え、体に塩をふりかけることでけがれを払い、身を清めるために使うものだ。

こうした「身を清める」という考え方は、じつは神道のものといわれていて仏教とは直接関係がないらしい。

そのためか、仏教の中でも浄土真宗では、お清めの塩は必要ないといわれている。たしかに、人が亡くなることは避けて通れないし、ましてあの世へ旅立つ魂を見送ったあと、自分の身を浄化するというのは気分的に矛盾する話ではある。

ただ、今のように医療技術が発達していなかった昔は、幼くして命を落としたり、伝染病などで死に至ることも少なくなかった。

そんな時に、不幸が続くことを嫌い、塩で身を清めることで仕切り直しをした習慣が現在にも残っているのである。

いずれにせよ、こうした習慣を続けるのも止めるのもその人の気持ちしだいといっていい。

省いてしまうと何となく気持ちがスッキリしないというのであれば、もちろん塩を使えばいいだろう。

葬儀の手伝いを頼まれた時の手際のいいこなし方って？

もしも会社の人やその家族に不幸があった時、同じ職場で働く者としては何をすべきだろうか。おそらくは会社から指示が出るだろうが、さしあたって葬儀の手伝いをすることは心得ておくべきだろう。

実際、現場で誰が何を担当するかは上司に随時相談しながら行うことになるが、ここでは一般的な手伝いの内容を紹介する。

弔事は全般的に人手が足りないものである。ただし、会場の設営や遺族のお世話などは葬儀会社がする場合が多いので、香典の受付や駐車場の整理、駅での会場案内などを率先して引き受けるようにしたい。

手伝う時はとりたてて沈痛な表情でいる必要もないが、仲間と現場で打ち合わせをする時などにうっかり笑顔を見せないように気をつける。

受付や返礼品を渡す役目を担当する場合は、喪家側の立場になるので弔問客に対し「本日はありがとうございます」とお礼を述べるのがふつうだ。

もちろん、自分たちも焼香をしなくてはならないが、これは葬儀が始まってすぐ、弔問客が集まる前に交替ですませておいたほうがいいだろう。

場所が場所だけに、現地であれやこれやと相談するのはそぐわないので、それぞれの役割を決めたら粛々とこなすことを心がけたい。

「御仏前」と「御霊前」、どっちをいつ持っていけばいい？

お通夜や葬儀、法事のために不祝儀袋を買いにいったら「御霊前」や「御香料」、「御供物料」、「御仏前」などいろいろな表書きがあって、どれを選べばいいのかわからなくなったことはないだろうか。

まず覚えておきたいのは、御霊前を使うのは通夜か告別式だけだということだ。

これは、人は亡くなると霊になり、四十九日の旅が終わって納骨されると仏になるとされているためだ。

そのため四十九日以降の一周忌《き》などの法事は御仏前になる。

さらに、この表書きは宗教によっても異なってくる。

神式では「御玉串料」や「御榊料《おさかきりょう》」「御霊前」になり、通夜・告別式と法要の区別はない。

またキリスト教式の通夜・告別式は「お花料」「献花料」を、法要では「お花料」を使う。カトリックの場合は「御ミサ料」という表書きもある。

ちなみに、御霊前の不祝儀袋は葬儀の際には宗教を問わずに使ってかまわない。ただし、神式とキリスト教式では蓮の花柄が入ったものは使えないことを覚えておこう。

先方の宗教がわからない場合には、無地の御霊前を用意していくと無難である。

通夜、葬儀、告別式…
いったいどれに出席すればいい？

歳を重ねていくにしたがって、訃報を受け取ることが多くなる。

そんな時にどう行動するかはつき合いの程度によって変わってくるが、直接故人の家族などから連絡があった場合にはとにかく急いで駆けつけたい。

これは連絡を受けた直後の行動だが、このあと通夜、葬儀、告別式という流れになってくる。

これらの3つの〝儀式〟にはどういう違いがあって、どれに出席すればいいのだろうか。

通夜はもともと遺族や近親者が集まって、故人と夜通し最後の別れを惜しむもので、さらに葬儀もやはり遺族を中心に、ごく近しい人間だけでとり行うものだった。

これに対して、告別式は故人とつき合いのあったいろいろな人たちが集まって、最後の別れを告げる儀式である。

現在は、葬儀に続いて告別式が行われることが多いので、一般の会葬者は告別式から出席することになる。

だが、最近ではこの区別があいまいになってきており、通夜に出席できなければ告別式に、同様に告別式に出席できないなら通夜にと、自分の都合のつくほうに出席する風潮がある。

どちらか一方に出席すればいいと考えておけばいいだろう。

仏式、神式、キリスト教式…葬式のしきたりとは?

お祝い事ならいくらでも呼ばれたいものだが、弔事だけはできるだけ少ないほうがいいと思うものの、どうしても避けることのできないのが弔事でもある。

日本で葬儀に参列する場合は、仏式である確率がかなり高い。

しかし、葬儀をとり行う家が必ずしも仏教徒とは限らない。参列したものの、「えっ、キリスト教? どういう作法になっているんだろう」などと、オロオロしてしまうこともあるだろう。

仏式の葬儀にしても、焼香することは知っていても、その正式な作法となると意外と知らなかったりするものである。

そこで、一般的に参列することの多い仏式、神式、キリスト教式の作法の違いを紹介しておこう。

まずは仏式の焼香のしかただが、僧侶と遺族に一礼して、焼香台の少し手前まで進み遺影に向かって一礼か合掌をする。

それから焼香台に近づいて、親指と人さし指、中指で香をつまみ、自分の目の高さまで上げたあと静かに香を香炉に落とす。

これを1~3回繰り返すが、会葬者が多い時には1回ですますこともある。最後は遺影に向かって合掌し、2~3歩下がって僧侶と遺族に一礼する。

仏式では線香を使うこともあるが、その場合も台の前に進むところまでは焼香と同じだ。そして、右手で線香を1本持って火をつけ、左手であおいで火を消す。

この時、間違っても口で吹き消してはいけない。線香を香炉に立てたら合掌し、僧侶と遺族に一礼する。

次に神式の場合は、玉串奉奠《ほうてん》といって玉串（榊）を供えることになる。

まず玉串の枝元を右手で持ち、左手は葉の下に添える。これをささげ持つようにして玉串台の前まで進み、遺影に一礼する。

次に枝元を左手に持ち変えて玉串を半回転させて、枝元が祭壇に向くようにするのだ。

この時、時計回りに回すことがポイントで、両手で玉串を供えたら半歩下がって遺影に向かって二礼、音を立てないように二拍手して一礼する。

キリスト教式では、献花が行われる。花は両手で受け取り、胸のあたりでささげ持ったまま祭壇の前まで進む。遺影に一礼したら、茎が祭壇に向くように時計回りに回転させ、左手の手のひらが上を向くように持って献花台に花を供える。

その後、黙祷《もくとう》し、神父（牧師）や遺族に一礼する。

ちなみに、どの宗教でも服装については同じと考えていい。ただ、仏式の際に持つ数珠は、キリスト教や神式の葬式には持っていかないようにする。

宗教によってそれぞれのやり方があるが、何より大事なのは故人を悼《いた》む心である。形ばかりを気にするのではなく、心を込めて冥福の祈りを捧げたい。

「友引に葬儀をしてはならない」は じつは迷信？

経験してみるとわかるが、亡くなった人を何事もなくあの世に送り出すのは思っ

た以上に大変だ。

葬儀は地域や宗派によって異なるが、一般的に死亡したその日のうちに遺体を納棺し、翌日にはお通夜、そしてその翌日には葬儀、告別式が行われる。遺族、特に喪主にとっては悲しんでいる暇もないほどのあわただしさである。

だが、例外的に葬儀が1日ずらされる場合がある。それは、亡くなった翌々日が「友引」にあたる時だ。

この日に葬儀を行うと、友が冥土に連れて行かれるとして忌み嫌われているからである。

だが、友引は本来「共引」と書き、「相打ち共引とて、勝負なしと知るべし（勝負事は何をしても勝ち負けがつかない）」という、「引き分け」の意味がある。

けっして「友を引く（連れて行く）」という意味ではないのだが、「共」の読みが「友」と同じことから、迷信が広がったとされているのだ。

だが、迷信や俗信が数多く残っているのも葬祭の世界だ。

友引に葬儀を避けるという風習もまだまだ根強く、その日は休業する火葬場もあるくらいだ。

「戒名」はいったい
どんな基準でつけられる？

仏式で葬儀を行った場合、死者には戒名がつけられる。

戒名とは本来、仏の弟子となった仏教徒に与えられる名だが、日本では故人の成仏を願うという意味で、死後に戒名を授けてもらう習慣が定着した。

戒名自体は2文字と決まっており、これはどんな人でも仏の前では平等であることを表している。

たとえば、名前に使用されている漢字、あるいは故人の人柄や社会的役割を表すような漢字を組み合わせて名づけられる場合がほとんどだ。

そして、その前後に院号《いんごう》や位号《いごう》がついてずらずらと長くなるわけだが、当然それらにはある種のランクづけが存在する。実は、戒名には決まった値段がなく、僧侶に渡すお布施の中に読経代とともに含めるのが習わしだ。

地域性などもあるが、一般に相場は10～20万円からで、上は1000万円などという場合もある。もちろん、生前の寺との関係なども無関係ではないので、お布施さえはずめばよいという話ではない。

だが、それなりの戒名をいただきたければ、その気持ちを金銭という形にして包むのが大人の常識だと理解しておいたほうがいいだろう。

代理で葬儀に参列する時の手順とは？

役職のあるビジネスパーソンほど、常に職場に数珠や香典袋といった弔事の用意をしているものだ。しかし、ときにはやむを得ない理由で上司が参列できず、部下が代理を命じられることがあるかもしれない。

その場合は、上司や会社を代表して行くことになるので、社会人として恥ずかしくないよう振る舞いたいものだ。

参列するのが通夜であれば喪服でなくてもかまわないが、派手なネクタイをしている時は外して地味なものに替えるようにしたい。

受付では「このたびはご愁傷様です。○○社の△△の代理で参りました」と告げてから、香典と一緒に上司の名刺を渡すと相手にもわかりやすい。

この時、自分の名刺は求められない限りは渡さなくていい。

芳名帳には会社の住所と上司の役職・名前を書き、その左側に小さめに「代」あるいは「代理」と書いた上で自分の氏名を書き入れよう。

通夜振る舞いを受けるかどうかは、相手とのつき合いの深さによっても変わってくるので、あらかじめ上司の指示をあおぐべきである。

また、当日いただく香典返しはお金を包んだ上司のものなので、参列の報告をする時に手渡すようにする。

通夜前に故人と対面する時の作法とは？

あまり想像をしたくはないが、親しい人との間にも突然の別れが訪れる日は必ずある。

そんなときは一も二もなく駆けつけるだろうが、もしも遺族から通夜の前に「故人と対面してほしい」といわれたら遠慮せずに受けるのが礼儀だ。

故人と対面するのにも、もちろんマナーはある。

最近では、故人がベッドに寝かされていることもあるが、布団の場合なら次のようになる。

まず、故人の枕元に近づき、正座をしたら両手をついて一礼する。続いて遺族にも一礼する。

次に、故人の顔にかけられた白布を遺族が上げたら対面となるが、このとき両手はひざに置いておく。そうして拝顔したら合掌したのちに、深く一礼する。

そしてそのまま後ろに下がり、最後に遺族に一礼して静かに退席する。

大切なのは冥福を祈る気持ちなので、礼の順序などは多少間違ったところで問題はない。

しかし、ふたつのタブーは覚えておきたい。それはこちらから対面を要求しないことと、自分で白布を上げないことである。

あくまで尊重すべきは遺族の意思であるということだけは肝に銘じておこう。

「法事」って
いったい何回忌まであるの？

現在、日本の葬儀の9割以上が仏式で行われている。この場合の仏式というのは、お寺の僧侶によって行われる葬儀のことだ。

仏式では、人が亡くなると葬儀をとり行い、四十九日、一周忌、三回忌…と法事をして仏になった死者の霊を慰める。

そして、やがて最終年忌になって最後の法事が終わると、実は死者は「仏」から「神」になり、祖先神という大きな塊と合体するといわれているのだ。

つまり、何年かごとに行われる法事は、新しく仏になった霊を祖先神へと昇格させていくためのステップなのである。

こうした「祖先神への昇格」という考え方は日本の仏教独自のもので、仏教発祥の地であるインドや、日本に仏教を伝播した中国にそれはない。

神道では、もともと死者の霊格を向上させるための祭が行われており、それと結びついたのが日本仏教の法事なのだ。

法事の最終年忌、つまり仏さまが神さまになる弔い上げの年忌は三十三回忌が一般的だ。

回忌は、亡くなってすぐの葬儀を一回忌、翌年を一周忌、翌々年を三回忌と数える。たとえば、三十三回忌は亡くなった年から数えて32年目に当たるわけだ。

祖先神の仲間入りをするのは故人にとっても子孫にとっても長き道のりなのである。

【参考文献】

『石川先生の「ビジネスマナー」スーパーレッスン』（石川信子／すばる舎）、『図解 マナー以前の社会人常識』（岩下宣子／講談社）、『人生を変える笑顔のつくり方』（野坂礼子／PHP研究所）、『ビジネスで恥をかかない日本語のルール』（白沢節子／日本実業出版社）、『ビジネスマナー入門』（梅島みよ、土舘祐子／日本経済新聞社）、『「仕事の基本」が身につく本 3日で読める！ 一生役立つ！』（古谷治子／かんき出版）、『そのバイト語はやめなさい』（小林作都子／日本経済新聞社）、『聡明でセンスある女性の話し方』（渡辺由香／三笠書房）、『奈良の寺―世界遺産を歩く』（奈良文化財研究所編／岩波書店）、『妖怪の民俗学』（宮田登／岩波書店）、『中世説話集 古今著聞集・発心集・神道集』（西尾光一、貴志正造編／角川書店）、『陰陽で読み解く日本のしきたり』（大峡儷三／PHP研究所）、『日本のしきたり 開運の手引き』（武光誠／講談社）、『暦と時の事典』（内田正男／雄山閣）、『市民の古代 別巻3』（古田武彦／新泉社）、『必携！ ビジネスマナー』（阿部開道／西東社）、『江戸の再発見』（稲垣史生／新潮社）、『日本の歴史をよみなおす（全）』（網野善彦／筑摩書房）、『「衣・食・住・楽」暮らしの日本史99の謎』（桑原茂夫／講談社）、『江戸へようこそ』（杉浦日向子／筑摩書房）、『神さまと神社 日本人なら知っておきたい八百万の世界』（井上宏生／祥伝社）、『日本の神々 多彩な民俗神たち』（戸部民夫／新紀元社）、『日本神話』（吉田敦彦／PHP研究所）、『「頼れる神様」大事典』（戸部民夫／PHP研究所）、『宗教のしくみ事典 教えから歴史・系譜・宗派まで早わかり』（大島宏之／日本実業出版社）、『知識ゼロからの仏教入門』（長田幸康／幻冬舎）、『こんなに身近な日本の神々 神道と私達の文化は、どうかかわっているのか』（安蘇谷正彦／毎日新聞社）、『ご近所の神様 身近な神社と不思議なご利益』（久能木紀子／毎日コミュニケーションズ）、『神道の常識がわかる小事典』（三橋健／ＰＨＰ研究所）、『決定版 知れば知るほど面白い！神道の本』（三橋健／西東社）、『伝統こけしとみちのくの旅』（小野洸・箕輪新一・柴田長吉郎／講談社）、『できる人は、ここまでやっている！一生使える「敬語の基本」が身につく本』（井上明美／大和出版）、『仕事も人間関係もうまくいく！こんなときには、こんなことばづかいを』（永崎一則／ＰＨＰ研究所）、『スラスラ話せる敬語入門』（渡辺由佳／かんき出版）、『なぜか「好感」をもたれる女性のほんのちょっとした違い』（今井登茂子／河出書房新社）、『医者以前の健康の常識』（平石貴久／講談社）、『続弾！ 問題な日本語』（北原保雄／大修館書店）、『日常のマナー事典』（本田明雄／西東社）、『五訂増補 日本食品標準成分表―脂肪酸成分表編』（文部科学省）、『わかりやすい計量制度の実務知識』（穂坂光司／オーム社）、『マンションの常識・非常識』（碓井民朗／週刊住宅新聞社）、『署名・捺印のすべてがわかる本』（小林英明／総合法令）、『箸の文化史 世界の箸・日本の箸』（一色八郎／御茶ノ水書房）、『あたらしい家庭の冠婚葬祭』（棚橋節子・内田厚子・神谷すみ子・横山美智子／新日本法規出版）、『美しいあなたをつくる　マナーの本』（岩佐佳子／日本ヴォーグ社）、『恥をかかないおつきあい手帖』（市田ひろみ／家の光協会）、『地名・苗字の謎』（鈴木武樹／産報）、『野球は言葉のスポーツだ』（伊東一雄、馬立勝／中央公論社）、『読めば治る 健康の達人になる　Ｑ＆Ａ』（鈴木弘文／竹書房）、『渡部昇一の人生観・歴史観を高める事典』（渡部昇一／ＰＨＰ研究所）、『ヤバい敬語』（唐沢明／竹書房）、『「ビジネスマナー」の基本と常識』（若林郁代／フォレスト出版）、『オトナのたしなみ　接待・おつきあい入門』（大久保直子／かんき出版）、『一流のマナー 二流のルール 三流の不作法』（山崎武也／幻冬舎）、『男前のお作法』（尾塚理恵子／実業之日本社）、『「仕事の基本」が身につく本』（古谷治子／かんき出版）、『やさしい政党と内閣のはなし（改訂版）』（老川祥一編／法学書院）、『一日江戸人』（杉浦日向子／新潮社）、

『不老長寿100の知恵』（吉元昭治／KKベストセラーズ）、『あなたを幸せにするお金のレッスン80』（逢坂ユリ／成美堂出版）、『20代からはじめるお金をふやす100の常識』（酒井富士子／秀和システム）、『住宅・教育・老後のお金に強くなる！』（浅田里花／集英社）、『お金が殖える！200の方法』（石井勝利／成美堂出版）、『お金をふやす本当の常識』（山崎元／日本経済新聞出版社）、『知っておきたいお金の常識』（神樹兵輔／日本文芸社）、『運用以前のお金の常識』（柳澤美由紀／講談社）、『みるみるお金が貯まるカンタン節約術』（山崎えり子／PHP研究所）、『お金の教養』（泉正人／大和書房）、『接待以前の会食の常識』（小倉朋子、講談社）、『家庭でできる「食品添加物・農薬」を落す方法』（増尾清／PHP研究所）、『経済ニュース虎の巻』（池上彰／講談社）、『図解による民法のしくみ』（神田将／自由国民社）、『政治のニュースが世界で一番スッキリわかる本』（瀧沢中／日本文芸社）、『イラストで学べる政治のしくみ第2巻　国会・内閣・裁判所・地方自治』（大野一夫／汐文社）、『イラストで学べる政治のしくみ第3巻　日本の政治と国際社会』（大野一夫／汐文社）、『用語でわかる！経済かんたん解説下巻』（武長脩行／フレーベル館）、『誰も教えてくれなかった「お金を貸す・借りる」で困ったとき必ず役立つ本』（大島徹也・小島展史・下田代博之／こう書房）、『Q&A再婚の法律相談　離婚・死別からのステップ』（冨永忠祐／日本加除出版）、『視聴率の正しい使い方』（藤平芳紀／朝日新聞社）、『基本の最新キーワードがこれでわかる！ビジネス用語事典』（西野武彦／PHP研究所）、『もういちど読む山川政治経済』（山崎広明編／山川出版社）、『税金ビジネスの正体』（大村大次郎著／ビジネス社）、『プレジデント　2021.1.15号』『2021-2025　完全予測』『年収300万父さんはなぜ、億万長者なのか　2021.5.14』（プレジデント社）、『週刊ダイヤモンド　新年合併特大号　2020・2021　12/6・1/12』（ダイヤモンド社）、『週刊東洋経済　2021　12/26-1/2 新春合併特大号』（東洋経済新報社）、朝日新聞、

毎日新聞、読売新聞、日本経済新聞、夕刊フジ、日刊ゲンダイほか

【ホームページ】

首相官邸、外務省、法務省、環境省、厚生労働省、海上保安庁、総務省統計局、熊本国税局、京都府、山口県、国立社会保障・人口問題研究所、国立歴史民俗博物館、(独)造幣局、(独)環境再生保全機構、特定非営利活動法人国際留学生協会、(財)WWFジャパン、(財)八十二文化財団、(財)日本サッカー協会、(財)沖縄観光コンベンションビューロー、(社)日本医師会、(社)日本損害保険協会、(社)日本新聞協会、(社)ユネスコ協会連盟、華厳宗大本山東大寺、聖徳宗総本山法隆寺、熊野那智大社、(株)七十七銀行、(株)山梨日日新聞社、(株)山梨放送、(株)中国新聞社、(株)はてな、東北電力(株)、WIPジャパン(株)、日本自動販売機工業会、オールアバウト、ご贈答マナー、ITpro、ウエディングWalker、総務の森、フレッシャーズ、えびす宮総本社 西宮神社、東京大神宮、住吉大社、金刀比羅宮、貴布禰総本宮 貴船神社、梅宮大社、八幡総本宮 宇佐神宮、鹿島神宮、伊那市、伊那市観光協会、(独)国立青少年教育振興機構 国立信州高遠青少年自然の家、伊那商工会議所、茨城県、龍ケ崎市、草津温泉観光協会、草津町商工会、中央区、銚子市観光協会、銚子市、千葉県、千葉県海苔問屋協同組合、江戸川区、東京都、川崎市、みうら漁業協同組合松輪支所、神奈川県農林水産情報センター、三浦半島酪農組合連合会葉山牛出荷部会、茨交ホテルズ、全国和菓子協会、山口屋穀粉、小田原商工会議所、上田湯葉店、湯葉弥、全農、福島県観光物産交流協会、八雲町、JA夕張、(有)佐藤錦、八戸市、佐藤養助商店、だだぱら、立山町、横手市、函館市、大館曲ワッパ協同組合、箱根ロープウェイ、(株)信玄食品、ぎふ観光ガイド、(社)飛騨高山観光協会、(株)飛騨あずさ、野沢温泉観光公式ページ、Yahoo!きっず図鑑、但馬の百科

事典、越前ガニとさかなのあを山、丹後魚政、青柳ういろう、(有)ほうえい堂、朝日マリオン・コム、小倉屋昆布食品、未来観光戦略会議、中央区観光協会、日本食品新聞社、マルダイ食品、信楽陶器工業協同組合、滋賀県立陶芸の森、名古屋大学理学部、金沢大学・地球学コース、日本地質学会、神戸肉流通推進協議会、JAたじま、但馬ビーフはまだ、京都鴨川納涼床協同組合、貴船観光会&貴布禰総本宮貴船神社、伊万里鍋島焼協同組合、伊万里市、Arita On Line、宍道湖・中海の湖沼環境、しまね観光ナビ、(社)宮島観光協会、宮島観光、岩惣、丹波篠山観光協会、黒豆の井上、兵庫県篠山市、丹波篠山地名考、西陣web西陣織工業組合、くらきび、備前焼ギャラリーしょうざん、備前焼窯元 備州窯、香川の環境、三重県農水商工部、岡山探検ステーションBocco、廣榮堂本店、鳴海餅本店、三川内焼オフィシャルサイト、果物ナビ、healthクリック、谷内青果(株)、セルフドクターネット、湖北まちづくり健康サポートネットワーク、にんべん、e京都ねっと、ニシモト食品(株)、(有)竹下商店、沖縄県酒造組合連合会、沖縄観光インフォメーションサービス、中村食品産業(株)、沖縄南国屋、沖縄雑貨「うりずん」、沖縄シーサー紀行、熊本市、熊本県、大分県、(有)かわい水産、大分県日出町観光協会、グラバー亭、(株)みろく屋、四海楼、関東鹿児島県人会連合会、さつまグローバルネット、植山屋、八女・筑後広域市町村圏事務組合、(財)伝統的工芸品産業振興協会、鶴屋本店、(株)北島、(有)伊藤商店、長崎観光、(株)M・Hコーポレーション、(株)守礼堂、琉球市場、奥原製陶所、(財)沖縄観光コンベンションビューロー、エキサイトニュース、長崎市場 でじまや、資生堂、財務省、内閣府、日本自動販売機工業会、水産庁、国立科学博物館、東北電力、中部電力、農林水産省、日本中央競馬会、経済産業省、国土交通省、日本証券業協会、住宅金融支援機構、東京大学設計工学研究室、警視庁、総務省、日産自動車、参議院、衆議院、産経新聞、全国信用協同組合連合会、広島市役所、北海道新聞、NHK、リクルート、国税庁、共同通信、東京都産業労働局、47 NEWS、日本共産党、人事院、(社)日本旅行業協会、サッポロビール、キリンビール、ニッスイ、江崎グリコ、(社)中央畜産会、日本うま味調味料協会、NITE独立行政法人 製品評価技術基盤機構、京都市市民活動総合センター、(社)デジタル放送推進協会、日経ネット、日経BP社、タニタ、東洋経済オンライン、自転車産業振興協会、(財)日本水路協会、マイナビニュース、ダイヤモンドオンライン、総務省、文部科学省、最高裁判所、一般社団法人 裁判員ネット、ビジネス+IT、スポーツ報知、NTT docomo、Softbank、ニッセイ基礎研究所、ロイター、日本医師会、警視庁、京都府警察、中日新聞、一般社団法人自動車検査登録情報協会、TDK、IT media、AV watch、日経ビジネス、朝日新聞 DIGITAL、東京商工リサーチ、気象庁、国税庁、自民党、社会人の教科書、Coindesk JAPAN、OWNER-S STYLE、NEXCO東日本、永代供養墓普及会、NATIONAL GEOGRAPHIC、JIJI.COM、内閣官房ほか本書は、『これだけは知っておきたい！ 大人の常識力大全』（２０１４／小社刊）、『できる大人の常識力事典』（２０１６／同）をもとに、改題・加筆・修正のうえ、新たな情報を加えて再編集したものです。

青春文庫

謎《なぞ》と疑問《ぎもん》がスッキリ！
1秒《びょう》で常識力《じょうしきりょく》

2021年8月20日　第1刷

編　者　話題《わだい》の達人倶楽部《たつじんくらぶ》
発行者　小澤源太郎
責任編集　株式会社プライム涌光
発行所　株式会社青春出版社
〒162-0056　東京都新宿区若松町12-1
電話　03-3203-2850（編集部）
03-3207-1916（営業部）
振替番号　00190-7-98602
印刷／大日本印刷
製本／ナショナル製本
ISBN 978-4-413-09784-0